海南省自由贸易港背景下粮食安全研究

◎ 刘海清 张震 主编

中国农业科学技术出版社

图书在版编目(CIP)数据

自由贸易港背景下海南省粮食安全研究 / 刘海清，张震主编 . --北京：中国农业科学技术出版社，2024.5
ISBN 978-7-5116-6086-2

Ⅰ.①自…　Ⅱ.①刘…②张…　Ⅲ.①粮食安全-研究-海南　Ⅳ.①F326.11

中国版本图书馆 CIP 数据核字(2022)第 240756 号

责任编辑　史咏竹
责任校对　马广洋
责任印制　姜义伟　王思文

出 版 者	中国农业科学技术出版社
	北京市中关村南大街 12 号　邮编：100081
电　　话	(010) 82105169 (编辑室)　(010) 82106624 (发行部)
	(010) 82109709 (读者服务部)
网　　址	https://castp.caas.cn
经 销 者	各地新华书店
印 刷 者	北京建宏印刷有限公司
开　　本	185 mm×260 mm　1/16
印　　张	11.5
字　　数	212 千字
版　　次	2024 年 5 月第 1 版　2024 年 5 月第 1 次印刷
定　　价	59.00 元

※ 版权所有·翻印必究 ※

《自由贸易港背景下海南省粮食安全研究》编委会

主　　编　刘海清　张　震

副 主 编　雷照鸣　周海慧

参编人员（按姓氏笔划排序）

　　　　　　丁　莉　卢　琨　吴　湾

　　　　　　林小妹　金　琰　侯媛媛

　　　　　　徐磊磊

前　言

海南自由贸易港一个显著的特点：约80%的土地在农村，50%的户籍人口是农民，20%的国内生产总值（GDP）来自农业。粮食安全，事关国计民生，习近平总书记念兹在兹。海南省作为粮食自给率比较低的主销区省份，承担着全面深化改革开放的重大使命，海南省委、省政府胸怀粮食安全"国之大者"，认真贯彻落实国家粮食安全战略，立足省情、岛情、粮情，大视野、大思路、大举措，以高度的政治责任感和历史使命感抓紧抓好抓实自由贸易港粮食安全工作，努力构建与自由贸易港建设相适应的现代粮食安全保障体系，增强高效协同的粮食安全保障能力，牢牢守住粮食安全的底线。

做强做优做大热带特色高效农业，是习近平总书记对海南的殷殷嘱托，也是海南"三农"工作的重中之重。一方面，热带特色高效农业是海南的优势产业。习近平总书记2013年视察海南时强调，要使热带特色农业真正成为优势产业和海南经济的一张"王牌"；2018年4月13日，习近平总书记在庆祝海南建省办经济特区30周年大会上的讲话中提出：做强做优热带特色高效农业，打造国家热带现代农业基地，进一步打响海南热带农产品品牌。海南省委、省政府把热带特色高效农业纳入"3+1"现代产业体系。另一方面，热带特色高效农业是海南践行"大食物观"的产业基础，向种图强、向海图强、向绿图强、向数图强，只有实现热带特色高效农业高质量发展，才能为海南粮食安全提供有力支撑。

海南高质量高标准建设自由贸易港，对标世界最高水平的开放形态，给粮食安全带来了机遇和挑战。从机遇看，构建新发展格局，依托自由贸易港政策优势和南繁硅谷、国家热带农业科学中心等重大科研平台，充分发挥区位聚集优势、科技创新驱动效应，通过建立海南种业开放先行试验区、打造"一带一路"粮食安全走廊新引擎等，深度参与"全方位夯实粮食安全根基""推动共建'一带一路'高质量发展"，加快推进粮食产业高质量发展，加快粮食安全产业带建设，深入实施优质粮食工程，促进粮食产业转型升级；海南背靠国内市场、链接国际市场，能够在更大范围参与国内国际分工协作，为粮食安全和农民就业增收注入新动能。从挑战看，世界形势动荡复杂，面临的不确定性因素明显增多；在"零关税、低税率、简税制"和"五自由一便利"等政策背景下，海南省粮食生产面临的竞争压力将明显加大，国际市场的波动将更加广泛、直接地传导到海南市场。

海南省粮食产业当前最突出的矛盾是品种结构不合理、产能利用率低；粮食精深加工能力不足，中高端产品缺口较大，低端产能过剩；产业链条短、关联度低；产业布局分散、集中度低；创新投入少、产品附加值低等。这些矛盾使得海南粮食产业经济发展相对滞后，后劲不足。鉴于此，海南省要深入落实"藏粮于地、藏粮于技"战略，牢牢守住海南自由贸易港粮食安全的生命线，确保粮食生产提质增效。大力推动由增产向提质导向转变，加快实施"优粮优产"，引导支持粮食生产企业、新型经营主体调整优化种植结构，深入推进粮食产业绿色化、优质化、特色化、品牌化；坚持政府与市场两手协同发力，加快实施"优粮优购"，统筹用好"两个市场""两种资源"，以"一带一路"热带国家和地区为重点，发展国内外大粮商；强化技术创新与管理创新，加快实施"优粮优储"，大力推广绿色仓储技术，促进粮食保质保鲜、"常储常新"；立足结构优化动能转换，加快实施"优粮优加"，多措并举"增品种"，改造提升"老字号"，培育壮大"新字号"，大力发展绿色、营养、健康的原生态好粮，增加多层次、多样化、个性化产品供给；建立顺畅高效的粮食流通机制，加快实施"优粮优销"，强化产销合作，推进"互联网+粮食"行动，积极发展粮食电子商务和新型零售业态。

本书的出版受中国热带农业科学院国家热带农业科学中心科技创新团队（CATASCXTD202313）、国家农业科学数据中心（热带作物）数据资源建设（NASDC2024XM04）、海南省热带农业农村数据中心等的资助。在编写过程中，参考和引用了一些专家、学者的观点，在此表示感谢！除所列参考文献外，还有部分参考文献未一一列出，谨向有关作者表示歉意！自由贸易港下海南省粮食安全研究内容十分丰富，而我们的研究刚刚起步，还有很多工作要做，研究内容还应进一步深化，由于时间紧、科研任务重，加上笔者的研究和写作水平有限，本书难免会存在一些遗漏和欠缺，恳请同行专家学者批评指正，旨在推动自由贸易港下海南省粮食安全保障水平稳步提升。

编　者
2024 年 5 月

目 录

第一章 引言 …………………………………………………… (1)
    第一节 研究背景 ……………………………………………… (1)
    第二节 研究目标与意义 ……………………………………… (9)
    第三节 国内外研究进展 ……………………………………… (10)

第二章 研究区域概况与研究思路 ……………………………… (13)
    第一节 研究区域概况 ………………………………………… (13)
    第二节 研究思路与内容 ……………………………………… (22)

第三章 海南省粮食供需分析及预测 …………………………… (24)
    第一节 海南省粮食安全现状分析 …………………………… (24)
    第二节 海南省粮食安全综合评价 …………………………… (59)
    第三节 海南省各市(县)粮食安全水平评价 ……………… (68)
    第四节 海南省粮食安全影响因素分析 ……………………… (73)
    第五节 海南省粮食安全形势判断 …………………………… (91)

第四章 粮食安全国内外经验借鉴 ……………………………… (102)
    第一节 粮食安全国际经验借鉴 ……………………………… (102)
    第二节 粮食安全国内经验借鉴 ……………………………… (107)
    第三节 国内外自由贸易港(区)粮食及其产品贸易发展经验 ……… (109)
    第四节 海南省保障粮食安全现有政策和措施 ……………… (117)
    第五节 封关运作对中国水稻产业的影响 …………………… (119)

第五章 海南省粮食安全可持续发展的战略思路 ……………… (123)
    第一节 海南省在国家粮食安全可持续发展中的地位与作用 …… (123)
    第二节 海南省粮食安全可持续发展的战略思路 …………… (127)
    第三节 海南省粮食安全可持续发展的战略路径 …………… (137)

第六章　海南省粮食安全的战略对策……………………………………（154）
　　第一节　充分发挥自贸港及 RCEP 国际经贸规则政策效益…………（154）
　　第二节　推出海南省粮食产业高质量发展八大行动计划……………（156）
　　第三节　推进海南省粮食产业高质量发展……………………………（159）
参考文献……………………………………………………………………（168）

第一章 引 言

第一节 研究背景

一、中共中央、国务院高度重视粮食安全

粮食安全是"国之大者"。党的十八大以来,以习近平同志为核心的党中央高度重视国家粮食安全,始终把解决好14亿多人的吃饭问题,作为治国理政的头等大事,加快推进农业农村现代化,实施国家粮食安全战略,坚持"藏粮于地、藏粮于技",实行最严格的耕地保护制度,推动种业科技自立自强、种源自主可控,不断提高我国粮食综合生产能力,使我国谷物总产量稳居世界首位,14亿多人的粮食安全得到有效保障。

2013年5月14日,习近平总书记在天津市武清区南蔡村镇丁家瞿村时强调:一个国家只有立足粮食基本自给,才能掌握粮食安全主动权,进而才能掌控经济社会发展这个大局。

2014年5月9日,习近平总书记在河南省开封市尉氏县张市镇高标准粮田综合开发示范区考察时指出:粮食安全、"三农"工作是一切工作的重要之基,各级党委和政府一定要抓紧抓紧再抓紧。河南农业农村人口比重大,"三农"工作任务繁重,粮食生产这个优势、这张王牌任何时候都不能丢。要立足打造全国粮食生产核心区这一目标和任务,在提高粮食生产能力上开辟新途径、挖掘新空间、培育新优势。粮食生产根本在耕地,命脉在水利,出路在科技,动力在政策,这些关键点要一个一个抓落实、抓到位,努力在高基点上实现粮食生产新突破。

2015年2月10日,习近平总书记在中央财经工作领导小组第九次会议上指出:保障粮食安全,要加快转变农业发展方式,推进农业现代化,既要实现眼前的粮食产量稳定,又要形成新的竞争力,注重可持续性,增强政策精准性。

2015年12月中央农村工作会议指出:要树立大农业、大食物观念,推动粮经

饲统筹、农林牧渔结合、种养加一体、一二三产业融合发展。保障国家粮食安全是农业结构性改革的基本底线，要保稻谷、小麦等口粮，保耕地、保产能，保主产区特别是核心产区的粮食生产，确保谷物基本自给、口粮绝对安全。

2016年中央一号文件《中共中央 国务院关于落实发展新理念加快农业现代化实现全面小康目标的若干意见》提出：树立大食物观，面向整个国土资源，全方位、多途径开发食物资源，满足日益多元化的食物消费需求。

2016年4月25日，习近平总书记在安徽凤阳县小岗村主持召开农村改革座谈会上强调：发展现代农业，要在稳定粮食生产、确保国家粮食安全基础上，着力构建现代农业产业体系、生产体系、经营体系，加快构建职业农民队伍，形成一支高素质农业生产经营者队伍。

2017年12月28日习近平总书记在中央农村工作会议上指出：对粮食问题，要善于透过现象看本质。在我们这样一个十三亿多人口的大国，粮食多了是问题，少了也是问题，但这是两种不同性质的问题。多了是库存压力，是财政压力；少了是社会压力，是整个大局的压力。对粮食问题，要从战略上看，看得深一点、远一点。

2019年12月20日，中央农村工作会议指出：保障重要农产品有效供给始终是"三农"工作的头等大事，要下大力气抓好粮食生产，强化粮食安全省长责任制考核，加大对产粮大县的奖励和支持力度，进一步完善农业补贴政策，保障农民种粮基本收益，稳住粮食播种面积，稳定粮食产量。

2020年12月28日，习近平总书记出席中央农村工作会议并发表重要讲话：要牢牢把住粮食安全主动权，粮食生产年年要抓紧。要严防死守18亿亩①耕地红线，采取长牙齿的硬措施，落实最严格的耕地保护制度。要建设高标准农田，真正实现旱涝保收、高产稳产。要调动农民种粮积极性，稳定和加强种粮农民补贴，提升收储调控能力，坚持完善最低收购价政策，扩大完全成本和收入保险范围。地方各级党委和政府要扛起粮食安全的政治责任，实行党政同责，"米袋子"省长要负责，书记也要负责。

2022年3月6日，习近平总书记看望参加全国政协十三届五次会议的农业界、社会福利和社会保障界委员时强调：粮食安全是"国之大者"。悠悠万事，吃饭为大。民以食为天。经过艰苦努力，我国以占世界9%的耕地、6%的淡水资源，养育

---

① 1亩≈667米²，全书同。

了世界近 1/5 的人口，从当年 4 亿人吃不饱到今天 14 亿多人吃得好，有力回答了"谁来养活中国"的问题。这一成绩来之不易，要继续巩固拓展。在粮食安全这个问题上不能有丝毫麻痹大意，不能认为进入工业化，吃饭问题就可有可无，也不要指望依靠国际市场来解决。要未雨绸缪，始终绷紧粮食安全这根弦，始终坚持以我为主、立足国内、确保产能、适度进口、科技支撑……要全面落实粮食安全党政同责，严格粮食安全责任制考核，主产区、主销区、产销平衡区要饭碗一起端、责任一起扛。要优化布局，稳口粮、稳玉米、扩大豆、扩油料，保证粮食年产量保持在 1.3 万亿斤①以上，确保中国人的饭碗主要装中国粮。要保护农民种粮积极性，发展适度规模经营，让农民能获利、多得利。制止餐饮浪费是一项长期任务，要坚持不懈抓下去，推动建设节约型社会。

2022 年 6 月 27 日，习近平总书记在给安徽省太和县的种粮大户徐淙祥回信中指出：手中有粮，心中不慌。对粮食生产，我一直都很关注，基层调研时也经常到田间地头看一看。这些年，中共中央出台了一系列支持粮食生产的政策举措，就是要让中国人的饭碗牢牢端在自己手中，就是要让种粮农民有钱挣、得实惠，日子越过越好。希望种粮大户发挥规模经营优势，积极应用现代农业科技，带动广大小农户多种粮、种好粮，一起为国家粮食安全贡献力量。

2022 年 10 月 16 日，习近平总书记在中国共产党第二十次全国代表大会上指出：全方位夯实粮食安全根基，全面落实粮食安全党政同责，牢牢守住十八亿亩耕地红线，逐步把永久基本农田全部建成高标准农田，深入实施种业振兴行动，强化农业科技和装备支撑，健全种粮农民收益保障机制和主产区利益补偿机制，确保中国人的饭碗牢牢端在自己手中。树立大食物观，发展设施农业，构建多元化食物供给体系。

2022 年 12 月 23 日，习近平总书记出席中央农村工作会议并强调：保障粮食和重要农产品稳定安全供给始终是建设农业强国的头等大事。要实施新一轮千亿斤粮食产能提升行动，抓紧制定实施方案。要抓住耕地和种子两个要害，坚决守住 18 亿亩耕地红线，逐步把永久基本农田全部建成高标准农田，把种业振兴行动切实抓出成效，把当家品种牢牢攥在自己手里。要健全种粮农民收益保障机制，健全主产区利益补偿机制。保障粮食安全，要在增产和减损两端同时发力，持续深化食物节约各项行动。要树立大食物观，构建多元化食物供给体系，多途径开发食物来源。

---

① 1 斤 = 0.5 千克，全书同。

要严格考核,督促各地真正把保障粮食安全的责任扛起来。

二、国际粮食安全形势严峻

俄罗斯和乌克兰一直以来都是世界上两大主要的粮食出口国。它们丰富的土地和农业资源使其能够提供大量粮食,满足全球不同地区的需求。2022年2月2日,俄乌冲突爆发后,国际粮食市场的不稳定性、价格波动等明显增加,不仅对国际贸易造成了挑战,也给许多国家的粮食供应带来了不确定性。由于全球粮食市场的紧张,一些粮食出口国家贸易政策收紧,一些粮食进口国家开始寻找替代粮食供应来源,俄乌冲突爆发后全球粮食贸易政策变动情况(2022年)如表1-1所示。

表1-1 俄乌冲突爆发后全球粮食贸易政策变动情况(2022年)

日期	国家	贸易政策
2022年3月4日	匈牙利	管制谷物出口
2022年3月8日	摩尔多瓦	停止小麦、玉米和糖出口
2022年3月9日	乌克兰	禁止小麦和谷物出口
2022年3月10日	黎巴嫩	禁止食品出口
2022年3月10日	俄罗斯	禁止向欧亚经济联盟国家出口谷物、白糖和原糖
2022年3月10日	塞尔维亚	禁止出口面粉、玉米和植物油
2022年3月12日	埃及	禁止出口植物油、玉米和小麦等3个月
2022年3月13日	阿根廷	暂停豆油和豆粕出口登记
2022年3月13日	阿尔及利亚	禁止出口包括糖和小麦在内的食品
2022年3月15日	白俄罗斯	暂停小麦粉和荞麦出口
2022年3月19日	吉尔吉斯斯坦	临时禁止部分农产品出口
2022年3月20日	科威特	停止出口所有类型谷物
2022年4月1日	俄罗斯	只向"友好国家"以卢布和国家本币结算的方式出口
2022年4月28日	印度尼西亚	禁止棕榈油出口
2022年5月7日	乌克兰	限制荞麦、大米和燕麦出口
2022年5月13日	印度	禁止小麦出口

资料来源:中华粮网。

第一章 引　言

2023年7月12日，联合国粮食及农业组织、国际农业发展基金、联合国儿童基金会、世界卫生组织和世界粮食计划署在纽约联合国总部联合举行《2023年世界粮食安全和营养状况》报告发布会。报告指出，受新冠疫情延宕反复、气候冲击、地区冲突频发等影响，2022年全世界有6.91亿~7.83亿人面临饥饿，较新冠疫情暴发前增加了1.22亿饥饿人口。其中，西亚、加勒比和非洲等地区的饥饿水平仍在攀升，非洲大陆每5人中就有1人食不果腹。表1-2显示了2015—2022年全球处于中度或严重食物不安全的人口数量，从表1-2可以看出，全球中度或严重食物不安全的人口数量呈上升态势，特别是亚洲和非洲，中度或严重食物不安全的人口数量相对较多。

表1-2　2015—2022年全球处于中度或者严重食物不安全的人口数量

区域	人口数量（亿人）					
	2015年	2017年	2019年	2020年	2021年	2022年
全球	16.124	18.170	19.664	23.072	23.425	23.569
非洲	5.448	6.506	6.950	7.617	8.345	8.683
亚洲	7.910	8.574	9.818	11.968	11.515	11.449
拉丁美洲和加勒比地区	1.698	2.097	2.038	2.564	2.643	2.478
大洋洲	0.040	0.060	0.059	0.053	0.058	0.059
北美洲和欧洲	1.028	0.933	0.080	0.870	0.864	0.900

数据来源：《2023年世界粮食安全和营养状况》。

此外，2023年7月20日印度禁止除蒸谷米和印度香米外的大米出口，以确保"印度国内有足够的合理供应"，并遏制国内食品的价格飙升。随后阿联酋、俄罗斯等国家也相继宣布暂停大米出口，引起了多国市场大量采购大米，全球大米价格也大幅攀升。2023年8月联合国粮食及农业组织所有大米价格指数环比上涨9.8%，达到15年来的名义高点，反映出印度7月禁止大米出口对全球粮食市场的影响，导致国际粮食安全形势严峻。表1-3列举了2014/2015年度到2023/2024年度全球大米市场供需数据，表1-4列举了联合国粮食及农业组织1994—2023年粮食实际价格指数。

表 1-3 2014/2015 年度至 2023/2024 年度全球大米市场供需数据

年度	产量（亿吨）	供给量（亿吨）	消费量（亿吨）	贸易量（亿吨）	年底库存量（亿吨）	库存消费比（%）	主要出口国库存消费比（%）
2014/2015	4.904	6.635	4.865	0.450	1.756	35.8	24.6
2015/2016	4.890	6.646	4.909	0.413	1.736	35.1	19.7
2016/2017	4.971	6.706	4.951	0.484	1.742	35.0	18.8
2017/2018	4.999	6.741	4.979	0.485	1.773	35.4	18.1
2018/2019	5.081	6.854	5.010	0.443	1.870	37.3	22.6
2019/2020	5.036	6.905	5.011	0.458	1.878	36.8	26.1
2020/2021	5.180	7.058	5.099	0.521	1.950	37.3	28.5
2021/2022	5.260	7.210	5.226	0.559	1.971	37.9	28.7
2022/2023	5.175	7.146	5.206	0.524	1.953	37.5	29.6
2023/2024	5.232	7.185	5.209	0.533	1.981	37.7	31.0

数据来源：联合国粮食及农业组织统计数据库，https://www.fao.org/worldfoodsituation/csdb/en/。

表 1-4 1994—2023 年粮食实际价格指数

年份	指数	年份	指数	年份	指数
1994	74.0	2004	75.3	2014	107.0
1995	77.1	2005	69.3	2015	98.0
1996	92.8	2006	79.2	2016	94.0
1997	77.4	2007	105.8	2017	93.6
1998	71.7	2008	133.9	2018	99.0
1999	65.9	2009	100.8	2019	97.2
2000	64.7	2010	107.6	2020	104.2
2001	67.7	2011	128.1	2021	130.5
2002	73.5	2012	124.7	2022	151.3
2003	74.6	2013	117.7	2023	129.3

数据来源：联合国粮食及农业组织统计数据库，https://www.fao.org/worldfoodsituation/foodpricesindex/en/。

注：设 2014—2016 年 3 年平均价格指数为 100。

三、《区域全面经济伙伴关系协定》全面启动

《区域全面经济伙伴关系协定》（Regional Comprehensive Economic Partnership，RCEP）是亚太地区规模最大、最重要的自由贸易协定，覆盖世界近一半人口和近1/3贸易量，成为世界上涵盖人口最多、成员构成最多元、发展最具活力的自由贸易区。2022年1月1日，《区域全面经济伙伴关系协定》正式生效。RCEP整合了东盟与中国、日本、韩国、澳大利亚、新西兰多个"10+1"自贸协定以及5国之间已有的多对自贸伙伴关系，还在中日、日韩间建立了新的自贸伙伴关系。此外，RCEP采用区域原产地累积规则；采用新技术推动海关便利化；采用负面清单推进投资自由化。

RCEP自贸区的建成是中国在习近平新时代中国特色社会主义思想指引下实施自由贸易区战略取得的重大进展，将为中国在新时期构建开放型经济新体制，形成以国内大循环为主体、国内国际双循环相互促进的新发展格局提供巨大助力。

RCEP将成为新时期中国扩大对外开放的重要平台。中国与RCEP成员贸易总额约占中国对外贸易总额的1/3，来自RCEP成员实际投资占中国实际吸引外资总额的10%以上。RCEP一体化大市场的形成将释放巨大的市场潜力，进一步促进区域内贸易和投资往来，这将有助于中国通过更全面、更深入、更多元的对外开放，进一步优化对外贸易和投资布局，不断与国际高标准贸易投资规则接轨，构建更高水平的开放型经济新体制。

RCEP将助力中国形成国内国际双循环新发展格局。RCEP将促进中国各产业更充分地参与市场竞争，提升在国际国内两个市场配置资源的能力。这将有利于中国以扩大开放带动国内创新、推动改革、促进发展，不断实现产业转型升级，巩固中国在区域产业链供应链中的地位，为国民经济良性循环提供有效支撑，加快形成国际经济竞争合作新优势，推动经济高质量发展。

RCEP全面启动后，2022年海南省农产品贸易额达23.3亿美元，同比增长46.7%，其中进口额17.2亿美元，增长72.3%，贸易逆差额11.2亿美元，扩大1.7倍；除了传统产品罗非鱼出口仍遥遥领先之外，蜜瓜、生猪、鲜鸡蛋等农产品也开始从海南走出国门。2022年海南省进口额排名前五的农产品是油菜籽、椰子、大豆、高粱、大麦，进口额合计8.0亿美元，占农产品进口总额的46.5%，其进口量分别为35万吨、52.85万吨、20.20万吨、37.85万吨、35万吨，同比分别增长101.15%、1.70%、85.63%、818.46%、8.35%。RCEP全面启动后，海南农产品

进口飞速发展，可以充分利用该政策红利，布局粮食资源进口渠道以保障粮食安全。

四、海南自由贸易港建设加快推进

2018年4月13日，习近平总书记《在庆祝海南建省办经济特区30周年大会上的讲话》中明确指出：党中央决定支持海南全岛建设自由贸易试验区，支持海南逐步探索、稳步推进中国特色自由贸易港建设，分步骤、分阶段建立自由贸易港政策和制度体系。近年来，海南自由贸易港建设加快推进，作为四大主导产业之一的热带特色高效农业蓬勃发展，2022年增加值已经突破千亿，2018—2022年海南热带特色高效农业增加值如表1-5所示，目前年均增速超过10%。

表1-5 2018—2022年海南热带特色高效农业增加值及其同比增速

项目	2018年	2019年	2020年	2021年	2022年
增加值（亿元）	761.23	785.13	842.89	962.04	1 093.90
同比增速（%）		3.14	7.36	14.14	13.71

种业创新上率先突破。海南持续强化种业科技创新，南繁科技城正逐步成为项目资金、人才聚集、产业发展和成果转化于一体的种业科技高地。海南省崖州湾种子实验室、农业农村部[①]基因编辑创新利用重点实验室（海南）、中国农业科学院南繁育种研究中心已正式运行；三亚南繁种业科技众创中心、国家精准设计育种中心已建成；南繁作物表型研究设施、国家野生稻种质资源圃、种业创新中心、南繁育种科技服务中心等正在建设；已引进中国科学院、中国农业科学院、中国热带农业科学院等17家科研院校，中国种子集团、德国科沃施（KWS）等130余家国内外种业企业。

渔业转型上率先突破。坚持"三个走"转型方向，渔业转型升级工作成效显著。在全国首次构建系统化的休闲渔业发展政策体系，深海网箱养殖的数量全国排名第二，《海南省海洋休闲渔业捕捞许可管理规定（试行）》是全国首个省级层面出台的规范休闲渔业捕捞文件。创建冯家湾现代渔业产业园，在全国率先探索多层厂房立体养殖新模式。

---

① 中华人民共和国农业农村部，简称农业农村部。

农业综合保险上率先突破。琼中黎族苗族自治县创设乡村振兴帮扶产业综合保险（试点），在全国首创乡村产业综合保险，探索保险责任范围广、风险防范力度大的全面保障模式。

农业制度集成创新上率先突破。海洋水产种质资源跨省协同跨国引育新路径、"南繁种业"知识产权特区分别入选海南自由贸易港第十四批、第十五批制度创新案例。白沙黎族自治县创新推出首笔"两山贷"500万元发展有机茶产业，成功交易首单海南林业碳汇，蹚出生态兴产第一步。

第二节 研究目标与意义

一、研究目标

本书在全面分析海南省粮食安全现状的基础上，构建评价指标体系对海南省及其各市县粮食安全水平进行定量评价，找准影响海南省粮食安全的相关因素，并对未来形势进行判断。在借鉴国内外粮食安全经验的基础上，提出海南省粮食安全的战略思考，并结合自由贸易港建设探讨海南省粮食安全的战略对策。

二、研究意义

（一）理论意义

粮食安全既是一个经济学问题，也是一个政治学问题，因此粮食安全是一个政治经济学问题。粮食也具有准公共物品属性，政府在保障粮食安全中担当主要责任。本书基于国内外粮食安全保障形势普遍紧张的大环境，运用经济学理论对自由贸易港背景下海南省粮食安全进行综合评价研究，进而探索政府、市场在新形势下如何发力，能在研究方法和研究观点上，为粮食主销区粮食安全保障能力的提升提供理论依据。

（二）实践意义

粮食安全问题始终是一个重要的现实问题，始终是各级政府部门的重要关切点。理论来源于实践，而对理论的研究最终将有助于解决实际问题。粮食是人类生存的必要条件之一，决定着一个区域的安全、社会稳定和经济发展，目前我国粮食安全情况稳定，粮食产量连年增长，但粮食安全依然存在风险。近年来，我国城镇化水平稳步提升，人民生活水平不断改善，逐步由"吃得饱"转向"吃得好"，因此对粮食的需求依然较大。海南是全国唯一的热带省域，粮食生产受到台风气候、病虫害高发、耕地少、比较效益低等因素的影响，一直以来需要从国内其他省（区）调入大量粮食。本书从整体出发，以多个维度为切入点，通过纵向和横向研究海南粮食生产格局与演变，并借鉴外部的有益经验，综合评价研究海南粮食安全水平，分析海南粮食安全存在的问题，进而提出相关的政策建议，这对于同类粮食主销区推动合理降低在粮食生产上对外省（区）的依赖性，具有重要的参考价值。

第三节　国内外研究进展

一、国外研究现状

（一）粮食安全的定义

1974年11月，联合国粮食及农业组织在世界粮食大会上通过了《世界粮食安全国际约定》，粮食安全从根本上讲是人类的一种基本生活权利，即"应该保证任何人在任何地方都能够得到未来生存和健康所需要的足够食品"，它强调获取足够的粮食是人类的一种基本生活权利。1983年4月，联合国粮食及农业组织对这一定义作了修改，提出粮食安全的目标为"确保所有的人在任何时候既能买得到又能买得起所需要的基本食品"。1996年11月，第二次世界粮食首脑会议对粮食安全概念做出了第三次表述：让所有的人在任何时候都享受充足的粮食，过上健康、富有朝气的生活。2001年，世界粮食安全委员会（Committee on World Food Security, CFS）定义了"粮食安全"，即"人人都可以随时得到充足的营养丰富和安全的食品，无论是在物质上还是在经济上"。

（二）粮食安全评价方法

联合国粮食及农业组织从粮食的可利用率、粮食获取能力、粮食供给水平以及粮食波动程度4个层面设置相对应的指标，来评估一个国家的粮食安全状况。国际食物政策研究所构建了一个包含儿童消瘦率、发育不良率、死亡率及营养不良率4项标准化指标的全球性饥饿指数，来评估世界各国粮食安全水平。《全球营养报告》

重点考察与营养状况相关的粮食安全指标，并将全球其他各种评价体系与主要指标的优点吸纳、结合起来，监测全球各国家营养状况等。

国外粮食安全评价方法相对较多，评价体系指标类型多、数据来源范围广、国际认可度高，且都突出强调营养相关的指标，在推动全球粮食安全研究上起到了示范引领作用。

二、国内研究现状

（一）粮食安全的定义

国内对于粮食安全的定义，充分借鉴了国际上的经验。周猛（1987）认为粮食安全是指综合运用生产、贸易、储备等手段，有效地调节粮食的消费和分配，以满足在一定经济条件和特定环境（国度或地区）下人们相对合理的食品和营养的要求。朱泽（1997）提出不同国家之间、同一国家的不同历史时期的粮食安全状况都不尽相同，例如，我国在工业化进程中，粮食安全是指能充分保障人们必要的粮食需求和承担风险的能力。翟虎渠（2004）认为现代粮食安全内容既要考虑数量安全，又要涵盖质量安全和生态安全。张少杰和杨学利（2010）认为，粮食安全应在保障生态资源可持续发展的前提下，国家及地区既能供给居民生存所需粮食，又能充分保障粮食高品质的要求。唐石等（2016）从复合系统视角出发，综合均衡性、适应性、稳定性和流畅性4个方面进行粮食安全概念的界定，充分强调了各方力量的协同作用。综上所述，我国学者对粮食安全的定义存在着不同的认识，这是由于不同的角度、立场、社会文化背景等原因造成的。

（二）粮食安全的评价方法

国内学者对粮食安全的评价方法研究颇多。荣志杰等（2023）构建粮食安全评价体系，结合主客观赋权方法，在区划食物主产区、非主产区的基础上，对2009—2020年中国各省级行政区的粮食安全水平进行科学测算，探索制约不同区域粮食安全水平继续提高的相对短板。张小允等（2023）从供给能力、供给结构、绿色发展、经济效益及基础支撑5个方面出发，构建了包括25个具体评价指标的粮食安全评价体系，并建立熵权TOPSIS模型对我国粮食安全发展水平的演变和现状进行评价研究。袁世一和李干琼（2022）将"双碳"目标纳入粮食安全的评价体系中，构建包含"双碳"、生产保障、结构效益、技术投入和可持续发展5个维度的粮食安全指标体系，围绕"减排—生产—消费"内在逻辑，采用主客观相结合的 AHP-熵权法，评估"十三五"我国粮食安全情况。翟婷（2021）以粮食安全为目标层，粮食产业安全、农业生态安全为系统层，各个系统承受的压力、所处的状态、做出的响应为准则层，基于 PSR 模型（压力—状态—响应模型）构建出包括粮食单产、复种指数、粮食浪费量、财政支农支出等 20 个具体指标的河南省粮食安全多级评价指标体系，开展河南省粮食安全评价研究，研究结果表明河南省粮食安全一直处于较高状态。孙哲远（2020）首先根据耕地生产力模型和粮食数量安全评价模型，对云南全省粮食安全整体状况进行测度，然后利用区位熵和综合优势模型测算云南各市（州）粮食安全水平，实证结果显示，云南整体粮食安全压力较大，未来保障粮食安全任重道远。

三、国内外研究现状述评

国内外研究现状进行对比，国内学者对粮食安全的定义、评价方法等有非常鲜明的特点：第一是切入视角多样，国内学者从宏观层面到微观层面、从短期视角到长期视角、从整个粮食供需系统视角等进行研究，从全产业链上定义粮食安全、构建评价体系、探讨研究方法等，区别于国外单一的宏观或微观视角，采用的粮食安全评价体系主要通过关注不同人群的营养状况来衡量粮食安全；第二是指标赋权方法不一，从最开始的简单加权平均法，到后面熵权法，逐步再向更加客观、科学迈进；第三是数据搜集相对不易，国际组织每年都有专门机构进行相关数据的搜集与整理，而国内学者的数据大多依赖于官方统计机构等权威部门以及研究人员田间地头收集整理。

第二章　研究区域概况与研究思路

第一节　研究区域概况

一、自然地理条件

海南岛属热带季风海洋性气候，气候基本特征：四季不分明，夏无酷热，冬无严寒，气温年较差小，年平均气温高；干季、雨季明显，冬春干旱，夏秋多雨，多热带气旋；光、热、水资源丰富，风、旱、寒等气候灾害频繁。

（一）土地面积与类型

海南省总面积约 203.52 万千米^2，其中陆地面积 3.54 万千米^2（主要包括海南岛以及西沙、中沙、南沙群岛）。海南岛地处北纬 18°10′~20°10′，东经 108°37′~111°03′，岛屿轮廓形似一个椭圆形大雪梨，长轴呈东北至西南向，长约 290 千米，西北至东南宽约 180 千米，面积 3.39 万千米^2，是国内仅次于台湾岛的第二大岛。

海南省辖 4 个地级市、5 个县级市、4 个县、6 个自治县。其中，4 个地级市是海口市、三亚市、三沙市、儋州市；5 个县级市是五指山市、文昌市、琼海市、万宁市、东方市；4 个县是定安县、屯昌县、澄迈县、临高县；6 个自治县分别是白沙黎族自治县（简称白沙）、昌江黎族自治县（简称昌江）、乐东黎族自治县（简称乐东）、陵水黎族自治县（简称陵水）、保亭黎族苗族自治县（简称保亭）、琼中黎族苗族自治县（简称琼中）。

海南省土地按地类划分可以分为耕地、林地、园地、草地、城镇村及工矿用地、交通运输用地、水域及水利设施用地、其他土地等类型，其中面积最大的是园地，占比为 34.65%；其次是林地，占比为 33.32%；耕地占比为 13.87%。

(二) 日 照

海南岛位于北回归线以南，全岛各地太阳可照时间长。海南岛各地的年日照时数，除中部山区因云雾较多，只有 1 750 小时左右，其他大部分地区都在 2 000 小时以上，西南部地区达 2 400~2 600 小时。各地日照时数一般以 7 月最多，2 月最少，夏季最多，冬季最少。

(三) 气 温

海南岛大部分地区年平均气温为 22.5~25.6℃，中部山区略低于 23℃，南部、西部略高于 25℃，等温线向南弯曲呈弧线，由中部山区向沿海递增，沿海高于内陆，南部高于北部。最冷月在 1 月，中部山区月平均气温 16.5℃左右，为全岛最低；最热月大部分地区出现在 7 月，月平均气温西部的东方市为 29.2℃，为全岛最高。

(四) 极端气温

海南岛年极端最高气温，北部约 39.0℃，中部 37~39℃，西部与西南部沿海低于 36℃。一般出现在 4—5 月或 6—7 月。年极端最低气温主要出现在 1 月，也有在 2 月或 12 月。极端最低气温的多年平均值，中部山区低于 5℃（白沙最低 3.6℃），大部分地区为 6~8℃，南部沿海稍高于 10℃。

(五) 降 水

海南岛是同纬度世界上降水量最多的地区之一，水汽来源充足，降水总量多，时空分布不均。平均年降水量约为 1 640 毫米，年降水量分布呈环状分布，东部多于西部，山区多于平原，山区又以东南坡最多。东部多雨区降水量 2 000~2 400 毫米，多雨中心琼中年降水量平均达 2 440 毫米；西部少雨区年降水量仅 1 000 毫米左右（东方市为 922 毫米）。

海南岛干湿季分明。雨季一般出现在 5—10 月，干季为 11 月至翌年 4 月。雨季降水约占年降水量的 80%。大部分地区年降水日数超过 100 天，最少的东方市为 87 天，最多的琼中为 194 天，在雨季各月雨日 12~22 天，旱季则不到 10 天。

二、农业农村经济发展水平

近年来，海南省农业农村经济发展水平稳步提升，农民收入快速增长，农业适度规模化水平不断攀升，农业农村发展形势良好。

（一）农林牧渔业生产总值持续上升

2022 年，海南省农林牧渔业生产总值达 2 272.04 亿元，较 2021 年增长 12.77%。其中，农业（种植业）产值 1 236.81 亿元，增长 17.84%；林业产值 118.69 亿元，增长 0.37%；牧业产值 340.68 亿元，增长 3.98%；渔业产值 466.61 亿元，增长 7.23%；农林牧渔专业及辅助性活动产值 109.25 亿元，增长 29.80%。2013—2022 年海南省农林牧渔业生产总值情况如表 2-1 所示。

表 2-1　2013—2022 年海南省农林牧渔业生产总值情况

年份	生产总值（亿元）					
	农林牧渔业	农业	林业	牧业	渔业	农林牧渔专业及辅助性活动
2013	1 144.93	485.40	121.21	225.46	275.52	37.32
2014	1 252.17	568.22	103.17	228.06	310.24	42.53
2015	1 323.91	613.87	99.23	238.46	324.87	47.48
2016	1 470.41	695.64	100.02	267.10	353.77	53.88
2017	1 528.18	727.01	110.27	244.75	385.22	60.94
2018	1 535.73	729.51	110.44	245.32	387.44	63.02
2019	1 689.40	819.58	106.39	300.85	390.90	71.69
2020	1 821.02	874.81	121.15	357.07	390.80	77.18
2021	2 014.79	1 049.56	118.25	327.65	435.16	84.17
2022	2 272.04	1 236.81	118.69	340.68	466.61	109.25

（二）农民收入稳定增加

2022 年海南省农村居民人均可支配收入达 19 117 元，同比增加 1 041 元，增长 5.8%，增速快于城镇居民 6.0 个百分点，农村居民人均可支配收入增速连续 12 年快于城镇居民人均可支配收入增速,城乡居民人均可支配收入之比为2.10,相对差距同比缩小0.13,城乡居民收入差距指标优于全国平均水平。农村居民工资性收入、经营净收入、财产净收入、转移净收入4项收入全面增长,为农村居民稳定增收提供了重要支撑。2013—2022年海南省农村居民人均可支配收入情况如表2-2所示。

表2-2 2013—2022年海南省农村居民人均可支配收入情况 （单位：元）

年份	人均可支配收入	工资性收入	经营净收入	财产净收入	转移净收入
2013	10 739	3 002	6 492	348	897
2014	9 913	3 596	4 753	177	1 386
2015	10 858	4 251	5 013	195	1 399
2016	11 843	4 765	5 316	139	1 623
2017	12 902	5 168	5 576	186	1 927
2018	13 989	5 611	5 806	254	2 318
2019	15 116	6 317	5 865	283	2 648
2020	16 279	6 753	6 124	307	3 095
2021	18 076	7 546	7 072	259	3 199
2022	19 117	7 765	7 722	329	3 301

（三）农业规模化经营水平逐渐提升

据《中国农村合作经济统计年报（2022）》,2021年海南全省家庭农场19 210个,从事种植业的有5 910个,其中经营土地面积50亩以下的占90.00%,50~100亩的占7.39%,100~200亩的占1.76%,200~500亩的占0.68%,500亩以上的占0.17%;家庭农场中年经营总收入10万元以下的占48.45%,10万~30万元的占33.22%,30万~50万元的占10.21%,50万元以上的占8.12%。2013—2022年海南省农业规模化经营水平如表2-3所示。

表2-3 2013—2022年海南省农业规模化经营水平

年份	家庭农场数量（个）	家庭农场经营土地面积（亩）	农民专业合作社（个）	示范社（个）	开展社会化服务的专业合作社（个）
2013	4 957	235 878	10 480	331	—

(续表)

年份	家庭农场数量（个）	家庭农场经营土地面积（亩）	农民专业合作社（个）	示范社（个）	开展社会化服务的专业合作社（个）
2014	4 693	200 383	12 404	881	—
2015	1 761	192 668	13 553	857	—
2016	3 344	245 583	15 725	857	—
2017	3 535	250 544	10 399	898	—
2018	—	—	11 607	960	—
2019	1 063	144 287	—	—	—
2020	20 353	670 898	—	—	—
2021	19 120	810 090	12 929	205	1 618
2022	18 895	804 533	15 306	243	1 750

（四）农业现代化水平逐渐提高

2022年海南省农田水利有效灌溉面积达到199 263公顷，同比增加1 090公顷；农业机械总动力为647.10万千瓦，同比增长0.76%；"两减"成效显著，农用化肥施用量同比减少4.83%，化学农药施用量同比减少5.88%（表2-4）。

表2-4　2013—2022年海南省农业现代化水平

年份	农田水利有效灌溉面积（公顷）	农业机械总动力（万千瓦）	农用化肥施用量（实物量）（万吨）	化学农药使用量（万吨）	农村用电量（万千瓦时）
2013	195 969	491.99	124.05	4.35	96 271
2014	197 611	522.84	131.30	3.79	108 944
2015	197 638	504.22	135.74	3.98	130 231
2016	192 461	516.57	130.43	3.40	138 860
2017	193 818	556.86	132.87	3.34	155 189
2018	184 983	561.27	124.85	2.32	174 095
2019	186 042	558.21	116.93	2.19	186 840

(续表)

年份	农田水利有效灌溉面积（公顷）	农业机械总动力（万千瓦）	农用化肥施用量（实物量）（万吨）	化学农药使用量（万吨）	农村用电量（万千瓦时）
2020	197 321	615.32	110.11	1.97	548 691
2021	198 173	642.23	105.58	1.87	626 530
2022	199 263	647.10	100.48	1.76	—

注：由于统计口径调整，2020年起农村用电量数据变化较大。

（五）居民消费支出平稳增长

2022年海南省居民人均消费支出21 500元，同比减少3.34%；其中城镇居民人均消费支出26 418元，同比减少4.16%；农村居民人均消费支出15 145元，同比减少2.21%。城镇居民恩格尔系数为36.6%，比2021年上升1.7个百分点；农村居民恩格尔系数43.0%，比2021年上升1.4个百分点。表2-5显示了2013—2022年海南省居民消费水平及消费结构。

表2-5 2013—2022年海南省居民消费水平及消费结构

年份	消费支出（元/人）	食品烟酒（%）	衣着（%）	居住（%）	生活用品及服务（%）	医疗保健（%）	交通通信（%）	教育文化娱乐（%）	其他用品和服务（%）
2013	11 193	39.9	4.3	22.1	5.7	4.8	10.3	11.0	1.9
2014	12 471	39.4	4.4	20.5	5.5	5.7	11.5	10.9	2.0
2015	13 575	39.5	4.2	19.4	5.1	7.3	13.1	9.4	2.0
2016	14 275	40.2	4.2	18.5	4.9	7.2	12.3	10.8	1.8
2017	15 403	38.5	4.1	19.0	5.0	7.1	13.0	11.4	1.9
2018	17 528	37.4	3.7	21.4	4.7	7.1	10.9	12.5	2.3
2019	19 555	36.4	3.6	21.0	4.8	6.6	13.2	12.3	2.1
2020	18 972	39.6	3.5	22.0	4.7	7.4	11.2	9.9	1.8
2021	22 242	36.9	3.4	22.6	4.6	7.6	11.9	11.0	2.0
2022	21 500	38.5	3.3	23.5	4.2	6.4	12.6	9.9	1.7

三、人口概况

粮食安全与人口数量、人口结构紧密相关。近年来，海南省人口数量呈现快速增长趋势，2022年年底海南省常住人口1 027.02万人，占全国人口的0.73%，比2021年提高0.01个百分点；与2021年年底的1 020.46万人相比，增加6.56万人，增长0.64%。

劳动适龄人口增加，人口老龄化加深。2022年年底0~14岁人口195.25万人，占全省人口的19.01%；15~64岁人口（劳动适龄人口）715.53万人，占全省人口的69.67%，其中，16~59岁人口655.44万人，占全省人口的63.82%；60岁及以上人口162.60万人，占全省人口的15.83%，其中65岁及以上人口116.24万人，占全省人口的11.32%。与2021年相比，0~14岁人口减少4.87万人，15~64岁人口增加5.21万人，65岁及以上人口占比上升0.54个百分点，人口老龄化进一步加深。

城镇化率持续提高。2022年年底全省城镇常住人口631.48万人，比2021年增加9.26万人；乡村常住人口395.54万人，比2021年减少2.75万人。城镇人口占全省人口比例（城镇化率）为61.49%，比全国的65.22%低3.73个百分点，比2021年的60.97%上升0.52个百分点，与全国的差距略有缩小，上升幅度比全国高0.02个百分点，2013—2022年海南省人口结构如表2-6所示。

表2-6　2013—2022年海南省人口结构　　（单位：万人）

年份	年末常住人口	城镇人口	农村人口	15~64岁人口	第一产业从业人员
2013	895.28	472.17	423.11	648.36	199.41
2014	903.48	485.71	417.77	654.21	195.59
2015	945.49	519.17	426.32	684.35	189.95
2016	957.48	542.89	414.59	692.83	187.45
2017	971.50	563.86	407.64	702.88	183.53
2018	982.48	580.94	401.54	710.82	177.09
2019	995.27	590.89	404.38	704.25	175.15
2020	1 012.34	610.14	402.20	704.54	170.79
2021	1 020.46	622.17	398.29	710.32	169.07
2022	1 027.02	631.48	395.54	715.53	173.15

四、自由贸易港涉农政策简要分析

《海南自由贸易港建设总体方案》（以下简称《总体方案》）显示，海南自由贸易港政策制度体系建设以贸易投资自由化便利化为重点，以各类生产要素跨境自由、有序、安全、便捷流动以及现代产业体系为支撑，以特殊的税收制度安排、高效的社会治理体系和完备的法治体系为保障。具体看，海南将实行贸易自由便利、投资自由便利、跨境资金流动自由便利、人员进出自由便利、运输来往自由便利及数据安全有序流动，大力发展旅游业、现代服务业和高新技术产业等现代产业体系，实行以"零关税、低税率、简税制"为主要特征的税收制度。尽管自由贸易港多重自由便利以及税收优惠政策并未直接针对农业，但会通过境内外货物、人才、信息、资金的高效交流作用于农业发展。

（一）生产贸易投资各环节高度自由便利

贸易自由便利。海南自由贸易港的基本设定是"一线放开、二线管住"。所谓"一线放开"是指自由贸易港与境外实现货物、资金和人员等要素自由流动，除法律法规、国际公约规定禁止入境的少数货品外，绝大多数货品可以零关税自由进出自由贸易港。"二线管住"是指从自由贸易港出入国境内其他区域的货物纳入全国海关通关一体化，实行常规监管并征收相应税收。根据《总体方案》，海南将对岛内企业进口的自用生产设备实行零关税负面清单管理，企业进口清单外的生产设备免征进口关税、进口环节增值税和消费税。对岛内企业进口的用于生产自用或以"两头在外"模式进行生产、加工活动（或服务贸易过程中）所消耗的原辅料实行正面清单管理，免征进口关税、进口环节增值税和消费税。对岛内居民消费的进境商品实行正面清单管理，免征进口关税、进口环节增值税和消费税。海南自由贸易港还将实行便捷高效的海关监管，建设高标准国际贸易"单一窗口"。

投资自由便利。对在海南自由贸易港设立的旅游业、现代服务业和高新技术产业类企业，其在2025年前新增境外直接投资所得免征企业所得税。凡在海南自由贸易港注册，以旅游业、现代服务业、高新技术产业项目为主营业务且其当年度主营业务收入占企业收入总额60%以上的企业，在境外直接投资取得的收益汇回海南自由贸易港的均免征企业所得税。2025年前将制定出台海南自由贸易港外商投资准入负面清单，开放水平将进一步高于国内在建的自贸试验区。

跨境资金流动自由便利。支持建设国际能源、航运、大宗商品、产权、股权和碳排放权等交易场所。支持海南自由贸易港内设立的交易场所在会员、交易、税负、清算、交割、投资者权益保护、反洗钱等方面建立与国际惯例接轨的规则和制度体系。经批准的金融机构可通过指定账户或在特定区域经营离岸金融业务。逐步对境外非居民放开海南离岸金融市场。在风险可控的前提下允许海南自由贸易港内合格境外有限合伙人（qualified foreign limited parter，QFLP）资金按照余额管理模式自由汇出、汇入，简化外汇登记手续。将海南自由贸易港纳入合格境内有限合伙人（qualified domestic limited partner，QDLP）试点区域，给予海南自由贸易港QDLP试点基础额度，每年可按一定规则向其增发QDLP额度。构建多功能自由贸易账户体系，以国内现有本外币账户和自由贸易账户为基础构建海南金融对外开放基础平台。

运输来往自由便利。实施高度自由便利开放的运输政策，推动建设西部陆海新通道国际航运枢纽和航空枢纽，加快构建现代综合交通运输体系。2025年前将扩大包括第五航权在内的海南自由贸易港所必需的航权安排，支持在海南试点开放第七航权。经多项航权开放政策的叠加，国际航班可经停海南并在海南上下客货，开设由海南到境外其他地区的航线而无须经停航空公司注册地所在国。新的航线航班排列组合将为海南建立起更加便利通达的航空运输网络。

（二）实行以"零关税、低税率、简税制"为主要特征的税收制度

利好企业投资经营。《总体方案》发布之日起，注册在海南自由贸易港并实质性运营的鼓励类产业企业按15%税率征收企业所得税。凡是在海南自由贸易港注册并实质性运营的企业以《海南自由贸易港鼓励类产业目录》中规定的产业项目为主营业务且其当年度主营业务收入占企业收入总额60%以上的均可享受该政策。

利好人才和劳动力流入。2025年前对在海南自由贸易港工作的高端人才和紧缺人才个人所得税实际税负超过15%的部分予以免征。2025年后享受政策的对象不再局限于高端人才和紧缺人才，只要是一个纳税年度内在海南自由贸易港累计居住满183天的个人取得来源于海南自由贸易港范围内的综合所得和经营所得均按照3%、10%、15%三档超额累进税率征收个人所得税。全面推行"极简审批"制度。主要包括"区域评估评审"取代"单个项目评估评审""准入清单"和"项目技术评估"制度、承诺审批、审批改备案制、"联合验收"机制、"项目退出"机制6项制度。

(三) 高新技术为引领的现代农业体系是自由贸易港鼓励发展方向

旅游业、现代服务业、高新技术产业是海南重点发展产业，而动植物育种与种质资源引进是农业领域高新技术发展的核心。《中共中央 国务院关于支持海南全面深化改革开放的指导意见》明确指出"加强国家南繁科研育种基地（海南）建设，打造国家热带农业科学中心，支持海南建设全球动植物种质资源引进中转基地"。农业农村部也印发了《贯彻落实〈中共中央 国务院关于支持海南全面深化改革开放的指导意见〉实施方案》，就支持海南省全面深化改革开放、加快"南繁硅谷"建设和热带现代农业发展提出了具体举措。海南省委、省政府《关于建立更加有效的区域协调发展新机制的实施意见》也强调"重点推进国家深海基地南方中心、国家南繁科研育种基地、国家热带农业科学中心、全球动植物种质资源引进中转基地等平台建设"，推动建设面向南海及周边区域的种业交流平台。《总体方案》进一步强调，要发挥海南作为国家南繁科研育种基地的优势，在海南建设全球热带农业中心和全球动植物种质资源引进中转基地。

第二节 研究思路与内容

一、研究思路

本书基于粮食安全相关概念及理论，从海南省粮食安全现状出发，参照前人研究的经验成果，构建了涵盖粮食数量安全、环境安全、质量安全、经济安全、贸易安全5个维度的粮食安全综合评价指标体系，运用熵权TOPSIS法对海南省粮食安全水平进行整体评价，并对其实证结果进行分析描述，总结当前海南省粮食安全发展过程中存在的问题，最后为保障海南省粮食安全提出相关对策建议。

二、研究内容

本书研究内容主要包括以下几方面。

第一，研究海南省粮食供需情况。从生产、生态环境和消费等方面全面分析海南省粮食安全的现状，开展海南省粮食安全的综合评价，量化各市（县）粮食安全水平，归纳出海南省粮食安全的影响因素，对海南省粮食安全形势进行研判。

第二，研究国内外推进粮食安全的经验，总结海南省在保障粮食生产能力，防止耕地"非农化""非粮化"的措施及取得的成效。

第三,研究海南省粮食安全可持续发展的战略思路。分析出海南省在国家粮食安全可持续发展中的地位与作用,探讨其战略思路与战略路径。

第四,研究海南省粮食安全的战略对策。

第三章 海南省粮食供需分析及预测

第一节 海南省粮食安全现状分析

一、粮食生产现状

粮食作物是对谷类作物（包括小麦、水稻、玉米）、薯类作物（包括番薯、马铃薯等）及豆类作物（包括大豆、蚕豆、豌豆、绿豆等）的总称。在营养上，谷类作物主要提供淀粉、蛋白质、维生素等，豆类作物主要提供蛋白质、脂肪等，薯类作物主要提供淀粉、维生素等。这类作物同时也是牲畜的精饲料，需用量极大，栽培面积和比例也较大。

（一）粮食播种面积、产量

海南省主要的粮食作物有水稻、番薯、大豆等，2000 年以来，海南粮食播种面积和产量在波动中呈下降趋势，2000 年海南省粮食播种面积为 54.56 万公顷，总产量 212.24 万吨，平均单位面积产量 3 889.78 千克/公顷；到 2022 年海南省粮食播种面积下降到 27.30 万公顷，总产量 146.58 万吨，平均单位面积产量为 5 368.86 千克/公顷。

表 3-1 2000—2022 年海南省主要粮食作物生产播种面积与产量

年份	播种面积（万公顷）				产量（万吨）			
	总计	水稻	番薯	大豆	总计	水稻	番薯	大豆
2000	54.56	37.37	13.17	0.94	212.24	162.34	40.22	1.67
2001	52.69	35.99	12.81	0.88	207.62	159.21	38.84	1.56
2002	52.23	35.95	12.7	0.88	203.33	155.37	38.89	1.57

(续表)

年份	播种面积（万公顷）				产量（万吨）			
	总计	水稻	番薯	大豆	总计	水稻	番薯	大豆
2003	49.52	34.43	11.85	0.78	195.85	149.92	37.47	1.61
2004	48.23	34.05	11.41	0.67	196.57	152.13	36.78	1.30
2005	42.38	29.05	10.6	0.54	153.00	110.56	34.77	0.99
2006	44.45	31.89	9.97	0.53	186.61	144.39	33.36	1.05
2007	40.26	29.83	8.01	0.21	177.50	136.39	32.56	0.42
2008	40.20	30.99	8.6	0.32	183.47	143.84	30.68	0.76
2009	40.19	31.77	8.54	0.34	187.60	145.93	31.6	0.79
2010	40.01	32.43	8.33	0.31	180.38	138.47	30.36	0.76
2011	38.67	31.62	8.04	0.36	188.04	144.14	30.48	0.89
2012	38.71	32.38	7.81	0.34	199.50	155.6	29.95	0.74
2013	36.55	31.11	7.42	0.32	190.90	149.62	26.65	0.7
2014	33.52	31.13	7.33	0.32	186.60	155.21	28.58	0.73
2015	30.96	29.93	6.95	0.27	183.99	153.29	28.52	0.7
2016	29.20	28.91	6.45	0.25	177.86	149.13	26.61	0.73
2017	28.25	24.66	3.02	0.22	168.73	140.65	13.11	0.72
2018	28.61	24.61	3.41	0.20	147.12	130.70	14.57	0.64
2019	27.26	22.97	3.76	0.19	144.96	126.50	16.77	0.62
2020	27.07	22.75	3.69	0.29	145.47	126.25	17.11	1.04
2021	27.14	22.66	3.97	0.18	146.03	127.11	17.56	0.49
2022	27.30	22.87	3.96	0.16	146.58	127.91	17.59	0.34

数据来源：海南省统计年鉴。

从各市（县）来看，表3-2和表3-3分别列举了2013—2022年各市（县）粮食播种面积、产量。从种植面积、产量上来说，文昌、海口、儋州、澄迈、乐东、东方、琼海等市（县）是粮食生产大县，播种面积、产量相对较大，但是除澄迈外，研究期内其余市（县）的播种面积、产量均有不同程度减少。

表 3-2 2013—2022 年海南省各市（县）粮食播种面积

市（县）	播种面积（公顷）									
	2013年	2014年	2015年	2016年	2017年	2018年	2019年	2020年	2021年	2022年
海口	40 948	41 010	38 396	35 315	33 581	25 831	25 422	20 770	19 935	19 937
三亚	13 390	12 326	10 241	9 538	9 120	8 987	7 766	6 484	6 537	6 683
五指山	4 964	4 217	4 180	4 203	3 680	2 949	2 488	2 358	2 239	2 254
文昌	45 377	44 089	38 591	35 891	32 557	25 826	24 362	24 340	25 967	25 997
琼海	29 271	28 354	25 834	24 444	22 126	18 578	18 194	19 132	18 431	18 505
万宁	21 460	21 227	21 341	21 127	21 383	17 801	17 278	19 797	19 118	19 318
定安	24 659	24 111	24 293	24 900	25 116	21 164	20 666	18 843	18 202	18 278
屯昌	19 887	19 198	19 039	18 787	18 913	14 338	13 735	13 051	13 006	13 031
澄迈	36 286	36 391	36 385	36 857	36 844	33 250	33 209	36 125	37 595	37 665
临高	26 704	24 465	23 442	23 948	24 452	19 230	19 355	20 803	20 705	20 955
儋州	38 585	38 780	37 804	32 075	30 945	26 446	23 280	21 017	19 663	19 675
东方	30 558	19 297	18 641	17 460	16 708	17 230	15 781	18 104	19 192	19 334
乐东	30 526	27 848	27 316	27 932	26 717	21 274	20 442	22 578	23 162	23 230
琼中	10 853	9 416	9 022	8 740	8 509	6 359	5 864	4 415	4 537	4 588
保亭	6 737	6 353	6 172	6 076	5 729	4 904	4 537	4 209	4 344	4 348
陵水	21 040	19 098	19 406	18 214	17 812	11 187	10 568	9 216	9 655	9 777
白沙	8 676	6 652	6 461	6 236	5 782	4 950	4 340	4 407	4 205	4 318
昌江	11 881	11 174	9 067	8 613	8 356	5 804	5 358	5 096	4 942	5 121

表 3-3 2013—2022 年海南省各市（县）粮食产量

市（县）	粮食产量（吨）									
	2013年	2014年	2015年	2016年	2017年	2018年	2019年	2020年	2021年	2022年
海口	181 625	167 839	165 263	151 025	148 004	120 453	122 338	104 474	102 341	102 560
三亚	63 013	59 772	50 256	46 817	44 918	48 276	42 560	36 313	37 412	37 496
五指山	23 781	22 001	21 685	21 715	19 434	16 345	13 711	13 390	13 088	13 182
文昌	165 827	172 894	165 946	154 308	136 801	111 476	112 730	113 367	119 174	120 151

(续表)

市（县）	粮食产量（吨）									
	2013年	2014年	2015年	2016年	2017年	2018年	2019年	2020年	2021年	2022年
琼海	138 880	143 083	131 219	126 850	114 365	100 550	98 961	104 372	103 090	100 114
万宁	93 686	94 971	93 938	93 843	94 784	85 517	84 844	100 343	103 434	103 819
定安	113 341	112 723	120 312	122 267	120 775	106 980	103 180	96 262	92 882	93 923
屯昌	93 755	89 637	97 079	96 559	94 278	81 596	81 413	77 684	77 469	77 649
澄迈	188 176	204 012	210 310	213 171	206 349	191 424	191 134	207 892	213 764	215 853
临高	127 203	120 726	116 171	117 002	127 214	104 614	111 830	120 934	123 761	122 928
儋州	184 617	193 722	190 535	172 021	157 783	144 856	135 315	125 036	114 183	111 063
东方	140 588	101 256	103 811	92 933	82 579	87 513	88 806	97 944	100 436	103 384
乐东	131 131	128 728	127 875	130 923	118 218	99 115	102 027	110 443	112 385	115 424
琼中	49 332	45 852	45 129	43 537	40 600	32 875	31 883	25 014	25 647	24 911
保亭	31 331	29 579	29 976	29 230	25 875	23 618	22 470	20 610	22 090	22 346
陵水	90 598	92 806	94 660	93 592	86 839	59 451	56 602	51 265	51 522	52 608
白沙	37 416	33 175	31 152	31 216	29 307	27 733	23 072	23 630	21 912	21 937
昌江	54 704	53 256	44 620	41 638	39 137	28 811	26 766	25 693	25 675	26 424

1. 水稻生产

海南省持续强化"耕地非农化、耕地非粮化"理念，自2019年启动"海南好米"评选以来，至2023年已经举办了5届，数十个品种脱颖而出，被评选出的首届五大"海南好米"为重学优36、R1761、富贵家香米、野香优2998、兆优5431。从表3-1可以看出，2000年海南粮食作物中种植面积最大的是水稻，种植面积占比为68.49%，随后水稻种植面积占比逐年增加，2016年达到99.01%，近年来基本稳定在84%左右；同时，水稻面积的绝对数呈现下降趋势，从2000年的37.37万公顷下降到2022年的22.87万公顷，年均下降2.21%。从产量上来说，水稻产量2000—2005年下降明显，但由于单位面积产量的增长，2006—2010年产量较平稳，2011年之后逐渐回升，2015年之后逐渐下降。2000年海南省水稻在粮食作物产量中的占比为76.49%，随后逐年增加，2022年达87.26%，但是产量的绝对数呈现下降趋势，从2000年的162.34万吨下降到2022年的127.91万吨，年均下降1.08%，

表 3-4 和表 3-5 列举了 2013—2022 年各市（县）水稻播种面积、产量。

表 3-4　2013—2022 年海南省各市（县）水稻播种面积

市（县）	播种面积（公顷）									
	2013 年	2014 年	2015 年	2016 年	2017 年	2018 年	2019 年	2020 年	2021 年	2022 年
海口	33 207	32 010	31 335	28 049	27 115	21 949	20 540	16 927	15 693	15 895
三亚	10 221	10 063	8 776	8 720	8 534	8 740	7 548	6 309	6 425	6 559
五指山	3 245	3 387	3 276	3 169	2 956	2 409	1 944	1 983	1 861	1 929
文昌	34 375	33 832	29 326	27 408	24 466	20 458	18 573	17 861	18 364	18 625
琼海	23 542	23 828	21 787	20 932	19 045	16 991	16 471	16 911	16 263	15 809
万宁	16 903	16 990	17 313	17 197	17 539	15 985	15 481	18 129	17 621	17 562
定安	18 773	19 317	19 419	19 492	19 986	17 881	17 602	16 300	16 110	16 464
屯昌	14 112	14 101	14 116	13 771	13 922	12 138	11 979	11 367	11 320	11 735
澄迈	29 578	29 988	29 930	30 066	30 268	29 046	28 449	31 029	31 193	31 098
临高	20 615	19 917	19 877	20 509	20 876	17 347	17 118	18 727	18 936	19 234
儋州	27 456	28 453	26 774	22 857	22 018	20 183	17 158	15 981	14 682	13 888
东方	16 198	16 299	15 595	14 928	14 871	15 712	12 826	13 587	14 413	15 075
乐东	21 641	22 725	22 928	23 958	23 105	18 772	18 072	18 719	19 543	20 186
琼中	7 153	7 180	7 079	6 929	6 738	5 141	4 702	3 493	3 600	3 738
保亭	5 759	5 670	5 582	5 367	5 187	4 656	4 301	3 920	4 078	4 047
陵水	15 529	14 512	14 714	14 549	14 098	9 872	9 336	8 300	8 818	9 063
白沙	4 072	4 225	4 209	4 178	3 893	3 956	3 318	3 800	3 698	3 702
昌江	8 690	8 848	7 286	7 048	6 891	4 864	4 463	4 200	3 995	4 081

表 3-5　2013—2022 年海南省各市（县）水稻产量

市（县）	水稻产量（吨）									
	2013 年	2014 年	2015 年	2016 年	2017 年	2018 年	2019 年	2020 年	2021 年	2022 年
海口	156 946	136 896	138 560	125 673	123 103	106 141	102 037	86 296	85 240	86 030
三亚	50 358	50 640	44 592	44 149	43 014	47 365	41 676	35 364	36 841	36 916
五指山	16 848	17 951	17 063	17 157	15 648	13 564	11 213	11 517	11 200	11 737
文昌	122 600	127 465	121 996	116 437	100 056	88 836	87 641	84 313	84 226	87 238
琼海	114 093	122 897	112 842	111 322	100 448	93 308	91 159	94 064	93 436	88 130
万宁	76 417	78 140	78 003	77 163	78 142	76 988	76 304	91 879	97 072	96 119
定安	91 574	95 855	101 063	100 945	98 449	93 466	90 637	87 039	84 724	86 816

(续表)

市（县）	水稻产量（吨）									
	2013年	2014年	2015年	2016年	2017年	2018年	2019年	2020年	2021年	2022年
屯昌	74 768	73 847	81 028	79 766	77 235	74 102	74 513	71 638	70 911	73 185
澄迈	158 982	175 924	179 219	180 881	174 727	171 490	168 784	183 901	185 655	186 463
临高	105 998	101 414	103 410	102 823	111 123	96 441	102 731	111 977	116 538	116 302
儋州	141 864	154 040	143 506	129 405	115 453	117 055	105 714	98 922	91 413	85 777
东方	82 879	89 007	89 688	81 433	72 647	79 631	72 608	77 523	78 943	84 483
乐东	104 816	115 410	115 161	120 639	108 701	92 866	95 931	96 400	100 898	105 332
琼中	36 980	37 938	38 277	37 261	34 275	28 971	28 169	21 903	22 595	21 892
保亭	27 367	26 970	27 643	26 653	23 934	22 733	21 599	19 535	21 227	21 191
陵水	70 285	79 347	80 879	81 100	74 513	54 881	52 376	46 912	48 244	49 900
白沙	20 462	23 667	22 440	23 367	21 677	23 978	18 664	21 044	20 016	19 814
昌江	42 970	44 710	37 541	35 351	33 315	25 197	23 259	22 238	21 905	21 770

按照品种和成熟期，海南主要有早籼稻和晚籼稻两种。近年来水稻种植成本和收益变化基本平稳，本书以2022年最新的成本收益、费用与用工统计数据为基础，分析海南早籼稻和晚籼稻种植的成本与收益。

2022年，海南省早籼稻主产品产量为405.12千克/亩，产值合计为1 160.19元/亩，总成本为1 286.52元/亩，其中生产成本1 130.62元/亩、土地成本155.90元/亩，生产成本包括物资与服务费用以及人工成本，每亩物资与服务费用包含种子费95.77元（种子用量为1.87千克/亩）、化肥费196.40元（化肥用量为20.18千克/亩）、农药费48.14元、机械作业费235.66元、排灌费5.96元等，每亩人工成本包括家庭用工折价501.66元、雇工费用8.22元，净利润为-126.33元，成本利润率为-9.82%（表3-6和表3-7）。

表3-6　2022年海南省早籼稻成本收益情况

项目		数值
产量（千克/亩）	主产品产量	405.12
产值（元/亩）	产值合计	1 160.19
	其中：主产品产值	1 152.82
	副产品产值	7.37

(续表)

项目		数值
成本（元/亩）	成本合计	1 286.52
	其中：生产成本合计	1 130.62
	物资与服务费用	620.74
	人工成本	509.88
	①家庭用工折价	501.66
	②雇工费用	8.22
	土地成本（自营地折租）	155.90
净利润（元/亩）		−126.33
成本利润率（%）		−9.82

数据来源：《全国农产品成本收益资料汇编2023》。

表3-7　2022年海南省早籼稻费用和用工情况

项目			数值
物资与服务费用（元/亩）	物资与服务费用合计		620.74
	直接费用	直接费用合计	612.51
		种子费	95.77
		化肥费	196.40
		农家肥费	8.11
		农药费	48.14
		租赁作业费	245.69
		其中：机械作业费	235.66
		排灌费	5.96
		排灌费中的水费	3.27
		畜力费	4.07
		燃料动力费	10.51
		工具材料费	6.04
		修理维护费	1.85
	间接费用	间接费用合计	8.23
		固定资产折旧	7.67
		管理费	0.56

(续表)

	项目	数值
人工成本	人工成本合计（元/亩）	509.49
	家庭用工折价合计（元/亩）	501.28
家庭用工折价	家庭用工天数（日/亩）	5.26
	劳动日工价（元/亩）	95.30
	雇工费用合计（元/亩）	8.21
雇工费用	雇工天数（日/亩）	0.05
	雇工工价（元/亩）	164.46
种子用量（千克/亩）		1.87
化肥用量（千克/亩）		20.18

数据来源：《全国农产品成本收益资料汇编2023》。

晚籼稻主产品产量为314.83千克/亩，产值合计为932.48元/亩，总成本为1 304.00元/亩，其中生产成本1 146.00元/亩、土地成本158.00元/亩，生产成本包括物资与服务费用以及人工成本，每亩物资与服务费用包含种子费108.03元（种子用量为1.88千克/亩）、化肥费200.51元（化肥用量为20.25千克/亩）、农药费48.49元、机械作业费239.83元、排灌费1.95元等，每亩人工成本包括家庭用工折价503.28元、雇工费用5.43元，净利润为-371.52元，成本利润率为-28.49%（表3-8和表3-9）。

表3-8 2022年海南省晚籼稻成本收益情况

	项目	数值
产量（千克/亩）	主产品产量	314.83
产值（元/亩）	产值合计	932.48
	其中：主产品产值	925.68
	副产品产值	6.80

(续表)

	项目	数值
成本（元/亩）	合计成本	1 304.00
	其中：生产成本合计	1 146.00
	物资与服务费用	637.29
	人工成本	508.71
	①家庭用工折价	503.28
	②雇工费用	5.43
	土地成本（自营地折租）	158.00
净利润（元/亩）		-371.52
成本利润率（%）		-28.49

数据来源：《全国农产品成本收益资料汇编2023》。

表 3-9　2022 年海南省晚籼稻费用和用工情况

		项目	数值
物资与服务费用（元/亩）		物资与服务费用合计	637.29
	直接费用	直接费用合计	629.62
		种子费	108.03
		化肥费	200.51
		农家肥费	6.56
		农药费	48.49
		租赁作业费	244.05
		其中：机械作业费	239.83
		排灌费	1.95
		排灌费中的水费	1.95
		畜力费	2.27
		燃料动力费	13.76
		工具材料费	6.21
		修理维护费	2.01
	间接费用	间接费用合计	7.67
		固定资产折旧	6.50
		管理费	1.17

(续表)

	项目	数值
人工成本	人工成本合计（元/亩）	508.71
	家庭用工折价合计（元/亩）	503.28
	家庭用工天数（日/亩）	5.28
	劳动日工价（元/亩）	95.30
	雇工费用合计（元/亩）	5.43
	雇工天数（日/亩）	0.03
	雇工工价（元/亩）	180.93
种子用量（千克/亩）		1.88
化肥用量（千克/亩）		20.25

数据来源：《全国农产品成本收益资料汇编2023》。

2. 番薯生产

海南番薯种植面积相对也较大，涌现出澄迈桥头地瓜、美兰三角宁地瓜、海头地瓜、东方香薯、昌江元宝地瓜、定城雪花地瓜、临高沙地紫薯、琼海海藻地瓜、屯昌白肚面地瓜、五指山富硒地瓜等一大批品牌，特别是澄迈桥头地瓜2018年登记为地理标志证明商标，同时成为国家地理标志保护产品。2022年澄迈县番薯种植面积6 194公顷，产量2.86万吨，分别占全省的15.62%、16.24%；其中，桥头镇番薯种植面积最大，达1 500公顷，产量超过7 000吨，占全县产量的1/4；沙土村地瓜种植面积占桥头镇的80%，地瓜均价达到7元/千克，直接带动村民年户均收入超过12万元，2021年，沙土村入选"全国乡村特色产业亿元村"，表3-10和表3-11显示了2013—2022年各市（县）番薯播种面积和产量。

表3-10　2013—2022年海南省各市（县）番薯播种面积

市（县）	播种面积（公顷）									
	2013年	2014年	2015年	2016年	2017年	2018年	2019年	2020年	2021年	2022年
海口	6 945	8 441	6 705	6 819	6 027	3 379	4 401	3 431	3 819	3 644
三亚	1 884	1 915	1 276	805	585	244	218	175	113	124
五指山	647	666	667	945	703	520	533	352	376	325

(续表)

市（县）	播种面积（公顷）									
	2013年	2014年	2015年	2016年	2017年	2018年	2019年	2020年	2021年	2022年
文昌	10 419	10 114	9 123	8 257	7 821	5 118	5 718	6 453	7 522	7 358
琼海	4 161	4 124	3 867	3 408	2 957	1 512	1 639	2 159	2 145	2 459
万宁	3 794	3 765	3 629	3 532	3 458	1 496	1 474	1 347	1 271	1 650
定安	4 112	3 747	3 873	4 409	3 977	2 018	2 003	2 092	1 870	1 637
屯昌	4 697	4 704	4 545	4 669	4 632	1 988	1 796	1 128	1 487	1 115
澄迈	5 740	5 782	5 826	6 187	6 043	3 741	4 244	4 634	5 980	6 194
临高	5 970	4 468	3 470	3 317	3 517	1 795	2 113	1 849	1 273	1 170
儋州	8 402	8 856	10 278	8 264	8 206	5 764	5 858	4 779	4 804	5 428
东方	3 434	2 726	3 018	2 517	1 828	1 239	2 660	4 310	4 572	4 212
乐东	3 274	3 107	2 977	2 729	2 710	1 551	1 327	1 484	1 518	1 447
琼中	1 476	1 542	1 482	1 357	1 389	871		560	743	644
保亭	536	553	554	551	493	220		100	208	249
陵水	4 370	4 548	4 645	3 655	3 578	1 204		795	658	570
白沙	2 254	2 218	2 125	1 927	1 790	880		526	372	387
昌江	2 115	1 979	1 400	1 174	1 077	509		747	948	1 037

表 3-11 2013—2022 年海南省各市（县）番薯产量

市（县）	产量（吨）									
	2013年	2014年	2015年	2016年	2017年	2018年	2019年	2020年	2021年	2022年
海口	22 710	29 996	26 395	24 165	23 266	12 713	18 497	16 794	16 446	15 861
三亚	7 207	7 754	5 170	2 643	1 901	901	884	949	571	579
五指山	2 765	3 635	3 656	4 267	3 734	2 603	2 455	1 796	1 883	1 444
文昌	40 193	44 505	43 050	36 804	35 220	22 025	24 845	28 992	34 719	32 881
琼海	17 725	19 165	17 725	15 475	13 625	7 051	7 595	10 097	9 607	11 395
万宁	14 835	15 711	14 957	15 702	15 702	7 742	7 753	7 210	5 754	7 440
定安	10 959	11 289	13 625	14 968	15 447	7 374	7 435	7 796	7 522	6 742

(续表)

市（县）	产量（吨）									
	2013年	2014年	2015年	2016年	2017年	2018年	2019年	2020年	2021年	2022年
屯昌	14 845	14 944	15 145	16 087	16 324	7 031	6 594	4 375	6 072	4 106
澄迈	24 439	26 039	29 000	30 436	29 893	18 450	20 657	22 284	26 802	28 580
临高	20 837	19 222	12 569	13 886	15 916	7 986	8 669	8 177	5 720	5 300
儋州	32 181	37 091	45 582	40 408	40 784	26 726	28 958	25 379	22 321	24 631
东方	11 944	10 426	13 866	11 462	9 907	7 101	15 394	19 779	20 932	18 806
乐东	8 734	8 130	8 686	7 534	7 558	4 365	3 924	5 746	5 773	6 046
琼中	5 691	6 057	5 740	5 282	5 458	3 122		2 064	2 596	2 557
保亭	2 064	2 135	2 221	2 127	1 783	805		375	695	1 015
陵水	12 698	13 336	13 623	12 459	11 849	4 183		3 950	2 781	2 336
白沙	9 220	9 053	8 460	7 578	7 429	3 538		2 329	1 596	1 573
昌江	7 486	7 345	5 753	4 776	4 388	2 074		2 966	3 770	4 650

3. 大豆生产

海南不是大豆种植的优势区，近年来，随着适宜热带地区栽培的大豆品种选育工作的开展，南京农业大学等科研机构在海南开展大豆种植，特别是哈密瓜基地撂荒闲季轮作大豆，已经探寻出一种成功种植模式。表3-12和表3-13显示了2013—2022年海南省大豆种植面积、产量数据。

表3-12 2013—2022年海南省各市（县）大豆种植面积

市（县）	种植面积（公顷）									
	2013年	2014年	2015年	2016年	2017年	2018年	2019年	2020年	2021年	2022年
海口	411	335	341	279	390	338	445	325	156	138
三亚	4	4	3	3		3				
五指山	8	10	15			1				
文昌	47	47	30	17	18	79	65	15	15	15
琼海	282	268	83	71	101	56	66	62	23	237
万宁	155	160	160	160	160	110	112	32	21	24

(续表)

市（县）	种植面积（公顷）									
	2013年	2014年	2015年	2016年	2017年	2018年	2019年	2020年	2021年	2022年
定安	376	306	259	349	338	319	160	164	129	96
屯昌	342	342	310	257	236	137	91	80	100	106
澄迈	305	380	416	353	308	312	319	275	282	283
临高	7	49	50	72	19	33	9	12	21	
儋州	488	511	290	330	249	193	94	112	12	134
东方			19	16	9	14	157	95	49	23
乐东	507	475	457	248	130	178	188	1592	869	390
琼中	283	289	298	283	248	220	193	127	140	127
保亭	4	4		20	7		8	3		
陵水			1	2	2					
白沙				22	18	17	11	3	2	

表 3-13 2013—2022 年海南省各市（县）大豆产量

市（县）	产量（吨）									
	2013年	2014年	2015年	2016年	2017年	2018年	2019年	2020年	2021年	2022年
海口	343	221	292	550	1 370	899	1 624	1 107	157	200
三亚	9	8	8	9		10				
五指山	31	33	51	1	1					
文昌	42	41	59	14	15	184	234	39	35	31
琼海	709	674	339	159	237	147	163	206	47	589
万宁	343	355	356	353	347	236	235	155	56	53
定安	866	1 273	1 582	2 600	2 283	2 075	1 236	561	390	190
屯昌	563	575	569	481	449	291	192	204	239	205
澄迈	1 106	1 255	1 359	1 015	969	978	1 014	1 004	863	564
临高	11	49	119	208	84	109	50	46	62	
儋州	1 159	1 089	583	738	562	486	248	360	27	211

（续表）

市（县）	产量（吨）									
	2013年	2014年	2015年	2016年	2017年	2018年	2019年	2020年	2021年	2022年
东方			67	37	25	36	329	253	107	40
乐东	1 085	1 016	875	446	228	399	424	6 111	2 576	1 021
琼中	711	742	724	625	552	514	436	325	298	283
保亭	8	8	1	37	17		21	10		1
陵水			4	4	4					
白沙				26	29	35	29	8	5	

4. 玉米生产

海南省无籽粒玉米商品化种植，近年来全省鲜食的甜玉米种植面积约35万亩，产量约40万吨，其中东方市种植面积占全省的60%左右。

(二) 粮食产量差积曲线

为了能更加系统地描述海南省粮食产量的动态变化，引入差积曲线分析法针对2000—2022年海南省的粮食产量年际间的变化特征进行系统分析（图3-1）。

差积曲线是累积距平曲线，它是由距平累加得到，计算公式：

$$k = \sum_{i=1}^{n} (P_i - \bar{P})$$

式中，k 表示海南省各年份的产量累积距平值，单位为万吨；P_i 表示第 i 年海南省粮食产量，单位为万吨；$\bar{P}$ 表示2000—2022年海南省粮食产量均值，单位为万吨。

由图3-1可以看出，2000—2022年海南省水稻生产总体呈现下降趋势，仅个别年份略有波动。

(三) 单位面积产量增速

总体来看，2013—2022年水稻、番薯、大豆单位面积产量呈现波动中上升的趋势，水稻单位面积产量年均增速达1.22%，番薯单位面积产量年均增速为1.78%，大豆单位面积产量年均增速2.05%。

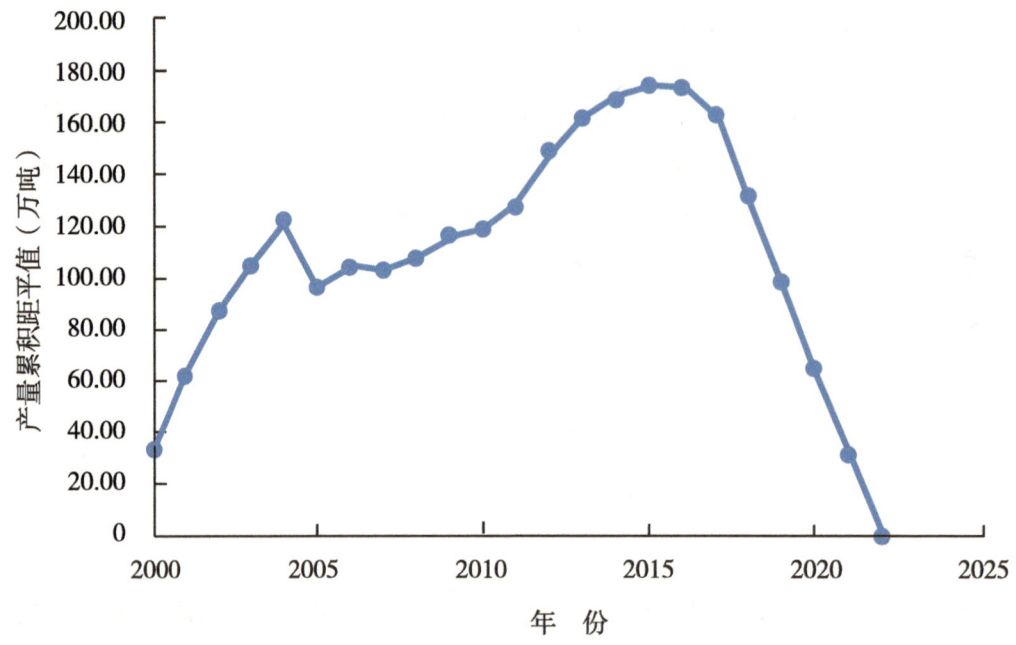

图 3-1 2000—2022 年海南省粮食产量差积曲线

（四）粮食进口情况

1. 国际贸易总体情况

据中国海关统计数据在线查询平台数据，2015—2022 年海南省稻米进口量、进口额如图 3-2 和图 3-3 所示。2022 年海南省进口稻米主要品种如表 3-14 所示。

图 3-2 2015—2022 年海南省稻米进口量

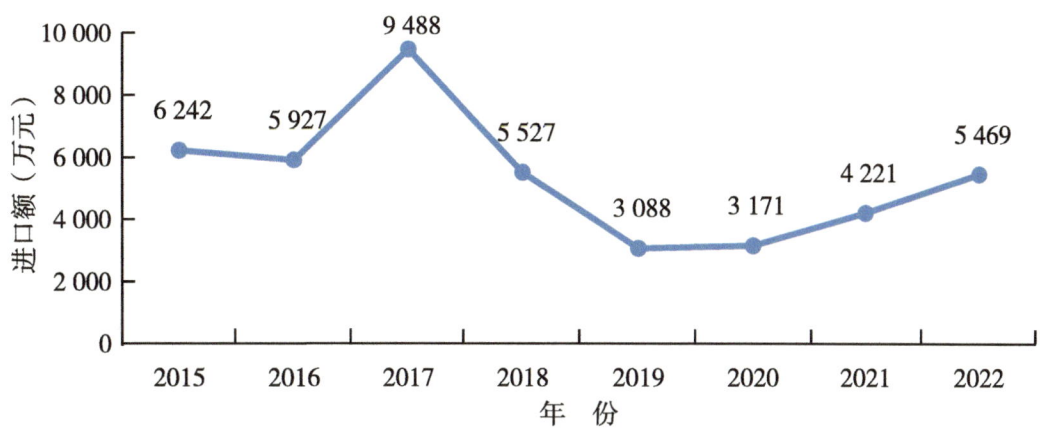

图 3-3　2015—2022 年海南省稻米进口额

表 3-14　2022 年海南省进口稻谷、大米主要品种

商品名称	贸易伙伴	进口量（吨）
长粒米碎米（用粒长＞6 毫米或长宽比≥2 的米生产）	印度	5 616
长粒米碎米（用粒长＞6 毫米或长宽比≥2 的米生产）	缅甸	4 705
长粒米精米（粒长＞6 毫米或长宽比≥2）	越南	4 084
中短粒米碎米（用粒长≤6 毫米且长宽比＜2 的米生产）	印度	2 886
中短粒米碎米（用粒长≤6 毫米且长宽比＜2 的米生产）	缅甸	1 415
长粒米碎米（用粒长＞6 毫米或长宽比≥2 的米生产）	巴基斯坦	1 040
中短粒米碎米（用粒长≤6 毫米且长宽比＜2 的米生产）	巴基斯坦	480
长粒米精米（粒长＞6 毫米或长宽比≥2）	泰国	378

数据来源：中国海关统计数据在线查询平台。

"十三五"以来，全球水稻产量总体呈增长趋势，2021 年，全球水稻产量达 7.87 亿吨。海南省水稻主要进口来源国家中，印度水稻产量最高，位列全球第二，且自 2015 年以来，水稻产量逐渐递增，其余主要进口来源国家水稻产量相对平稳（图 3-4）。

受新冠疫情暴发影响，2020 年海南稻米进口单价迎来最高点，为 3.45 元/千克。随着新冠疫情的平缓，海南稻米进口单价逐步回落到与往年均等的水平，2022 年进口单价为 2.65 元/千克（图 3-5 和图 3-6）。

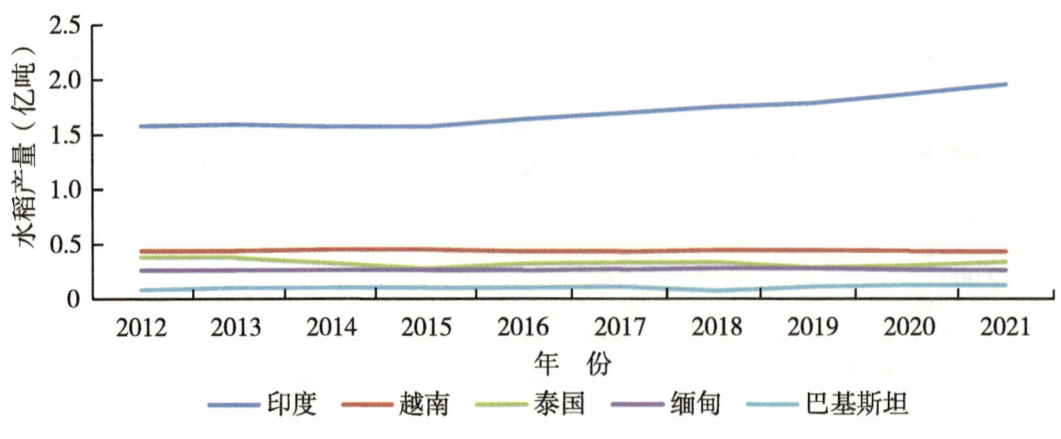

图 3-4　2012—2021 年海南省主要进口来源国家水稻产量

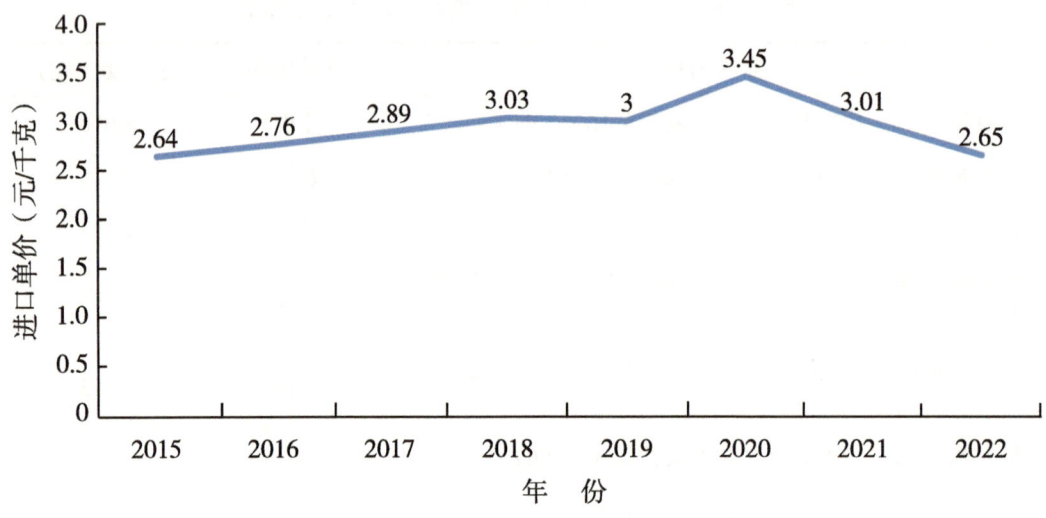

图 3-5　2015—2022 年海南省稻米进口单价

2. 国际进口总量

2022 年我国大米进口首次突破配额（532 万吨），达到 615.81 万吨，同比增加 123.39 万吨，增幅 24.8%（表 3-15）。分品种来看，我国进口大米中碎米仍占一半以上，且占比继续提高。2022 年我国共进口碎米 353 万吨，占大米进口总量的 57.0%，同比增加 101 万吨。分国别来看，我国大米进口最大来源国仍是印度。2022 年我国共进口印度大米 218 万吨，同比增加 99.9%，占比 35.2%，印度连续第二年成为我国大米进口最大的国家。2022 年我国出口大米 219 万吨，同比减少 23 万吨，减幅 9.5%。

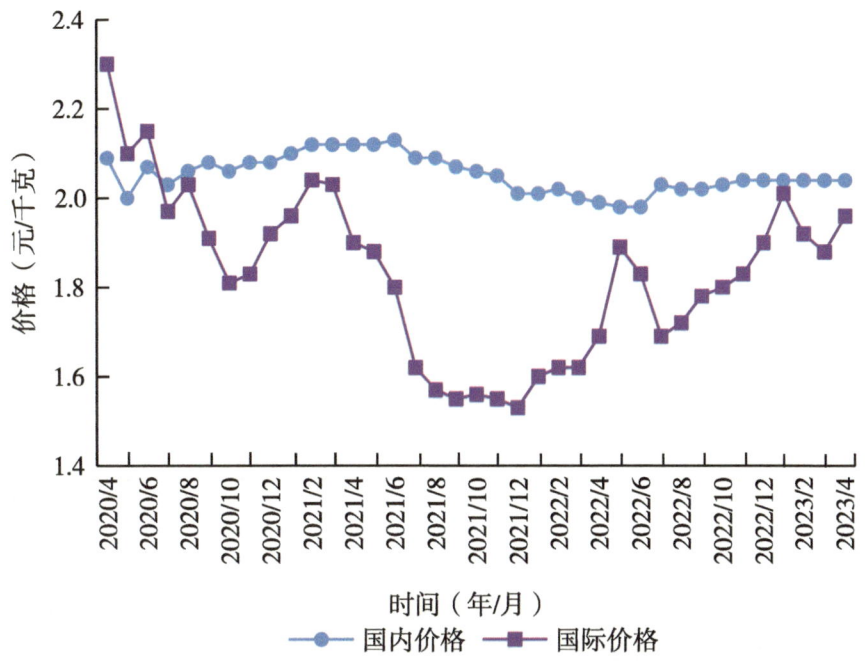

图 3-6　2020—2022 年稻米国内价格及国际价格走势

注：国内价值指全国晚籼稻（标一）批发均价，国际价格指泰国曼谷（25%含碎率）大米离岸价格，2010 年 1 月以来的美元汇率按当月银行基准价均价计算。

表 3-15　2019—2022 年全国及海南省大米进口数据

年份	全国进口量（万吨）	全国进口额（万美元）	配额（万吨）	海南进口量（万吨）	海南进口额（万美元）
2019	250.33	125 345	532	1.03	449.79
2020	291.09	145 897	532	0.92	464.68
2021	492.42	218 746	532	1.40	651.21
2022	615.81	262 263	532	2.06	824.85

数据来源：中国海关统计数据在线查询平台。

2022 年海南省进口大米 2.06 万吨，主要进口品种为长粒米，主要进口来源国为越南、泰国、印度、缅甸、巴基斯坦等。国家发展改革委①2022 年 11 月 17 日公布的粮食进口关税配额申请企业显示，全国有长粒米申请企业 395 家、中短粒米申

---

① 中华人民共和国国家发展和改革委员会，简称国家发展改革委。

请企业 179 家，其中海南分别有 5 家、3 家。

3. 进口价格与本地价格对比

根据国家统计局数据，海南省水稻种植成本高于全国平均水平，大米生产成本 4.50 元/千克，市场价格 7~10 元/千克，海南农户自给自足的生产成本 2.50 元/千克。以 2021 年到岸完税价计，2019—2022 年进口成本分析如表 3-16 和表 3-17 所示，因俄乌冲突叠加新冠疫情影响，2021 年国际市场大米价格与往年相比处高位，正常年份的进口大米价格还要更低。

表 3-16 2019—2022 年海南省配额内大米进口成本分析

（单位：元/千克）

贸易伙伴	2019 年		2020 年		2021 年		2022 年	
	CIF	税负	CIF	税负	CIF	税负	CIF	税负
越南（10063020）	3.13	0.31	4.04	0.41	3.52	0.35	3.50	0.35
泰国（10063020）	6.41	0.64			2.90	0.29	3.94	0.39
巴基斯坦（10064020）	2.26	0.23	2.22	0.22	2.41	0.24	2.33	0.23
中国台湾（10063030）			2.69	0.27	2.87	0.29		
缅甸（10064020）					2.41	0.24	2.53	0.25
印度（10064020）					2.14	0.21	2.32	0.23
缅甸（10064080）					2.76	0.28	2.34	0.23
印度（10064080）					2.35	0.24	2.38	0.24

注：①长粒米精米（粒长＞6 毫米或长宽比≥2）税号为 10063020；长粒米碎米（粒长＞6 毫米或长宽比≥2）税号为 10064020；中短粒米精米（粒长≤6 毫米且长宽比＜2）税号为 10063080；中短粒米碎米（粒长≤6 毫米且长宽比＜2）税号为 10064080。

②CIF：习惯上称"到岸价格"，暂用进口额除以进口量计算得出。

③税负包括进口关税 1%，增值税 9%。

表 3-17 2019—2022 年海南省配额外大米进口成本分析

（单位：元/千克）

贸易伙伴	2019 年		2020 年		2021 年		2022 年	
	CIF	税负	CIF	税负	CIF	税负	CIF	税负
越南（10063020）	3.13	2.49	4.04	3.23	3.52	2.81	3.23	2.05

(续表)

贸易伙伴	2019年		2020年		2021年		2022年	
	CIF	税负	CIF	税负	CIF	税负	CIF	税负
泰国（10063020）	6.41	5.12			2.90	2.32	4.15	2.64
巴基斯坦（10064020）	2.26	0.45	2.22	0.44	2.41	0.48	2.28	0.46
中国台湾（10063080）			2.69	2.15	2.87	2.30		
缅甸（10064020）					2.41	0.48	2.47	0.35
印度（10064020）					2.14	0.42	2.30	0.46
缅甸（10064080）					2.76	0.55	2.70	0.39
印度（10064080）					2.35	0.47	2.56	0.51

注：①越南、泰国、中国台湾配额外稻谷和大米关税为50%，增值税为9%；印度配额外稻谷和大米享受最惠国关税10%，增值税为9%；缅甸配额外稻谷和大米享受中国—东盟全面经济合作框架协议关税5%，增值税为9%。

一是配额内进口（关税税率1%、增值税9%）的精米价格远低于海南大米市场价格和新型经营主体生产成本，高于农户生产成本。例如，2022年越南进口配额内精米3.9元/千克，泰国进口配额内精米4.3元/千克。

二是配额外进口（关税税率50%或65%，增值税9%）的精米价格仍低于海南大米市场价格，高于新型经营主体、农户生产成本。例如，2022年越南进口配额外精米5.3元/千克，泰国进口配额外精米6.8元/千克。

三是配额内外进口的碎米价格远低于海南大米市场价格，与农户生产成本差距不大，低于经营主体生产成本约50%。例如，2022年缅甸进口碎米，配额内为2.7~2.8元/千克（关税税率1%，增值税9%），配额外为2.8~3.2元/千克（关税税率10%，增值税9%）；印度进口碎米，配额内为2.6元/千克（关税税率1%，增值税9%），配额外为2.8~3.1元/千克（关税税率10%，增值税9%）。

二、粮食生态环境现状

良好的生态环境是保证人类永续生存发展的必要条件，只追逐经济效益而摒弃生态效益的发展方式已经在历史长河中被人类所摒弃，新时代下，要想保障粮食安全，就必须要保护粮食生态安全。粮食生态安全分为两个方面：一方面是人为因素对环境的影响，另一方面是生态环境本身所具有的脆弱性。以下从农业化肥、地膜施用量和农业自然灾害这3个方面来分析海南省粮食生态环境现状。

(一) 化肥、农药施用情况

在过去的60年间,化肥施用量增加了100倍,而粮食产量只增加了4倍多,也就是说,投入与产出并不平衡。更为重要的是,农作物利用化肥的效率并不是很高,还不足40%。绝大部分的化肥到哪里去了呢?进入了土壤,流入了江河湖海,使得土壤变得板结、酸化,使得水体富营养化,带来了一系列的环境问题,表3-18和3-19列举了2013—2022年海南省各市(县)化肥和农药施用情况。

表3-18 2013—2022年海南省各市(县)化肥施用量

市(县)	用量(吨)									
	2013年	2014年	2015年	2016年	2017年	2018年	2019年	2020年	2021年	2022年
海口	88 670	96 179	89 740	93 982	96 788	88 819	87 794	85 048	84 609	77 551
三亚	66 441	67 198	48 565	52 160	58 190	52 303	48 843	48 408	46 923	45 393
五指山	6 437	7 360	7 928	6 533	5 646	5 635	4 342	3 791	3 244	3 199
文昌	99 334	112 164	110 738	109 676	107 936	94 673	93 241	91 324	83 945	74 595
琼海	149 482	156 150	159 275	162 900	169 616	146 762	140 653	130 368	125 455	121 993
万宁	64 892	63 015	68 344	72 184	73 879	75 040	74 409	69 915	66 322	62 739
定安	52 783	54 663	53 300	57 098	56 102	57 344	57 240	56 621	55 277	55 258
屯昌	28 298	28 411	33 521	35 237	32 948	31 805	31 225	30 760	30 315	28 173
澄迈	138 174	140 539	143 653	145 678	145 866	143 666	135 701	122 884	112 987	107 781
临高	116 357	149 603	164 126	95 813	96 244	85 114	67 408	58 541	58 777	57 207
儋州	86 082	87 777	90 841	90 007	84 546	87 180	77 178	72 841	70 635	70 255
东方	69 993	77 693	76 444	77 943	91 074	90 212	88 349	80 091	76 009	72 880
乐东	105 299	119 518	121 849	124 322	125 061	124 397	122 889	120 533	118 047	113 887
琼中	24 740	10 083	27 194	19 743	20 452	20 126	19 286	19 899	19 599	18 306
保亭	29 452	27 047	24 765	25 533	25 613	16 397	16 258	15 715	14 611	14 323
陵水	34 792	35 408	57 543	56 512	56 512	52 858	20 524	20 418	19 652	18 748
白沙	29 167	29 277	27 755	29 140	30 561	24 355	33 204	23 130	19 953	15 107
昌江	50 076	50 892	51 808	51 827	51 827	51 814	50 791	50 808	49 404	47 452

表 3-19 2013—2022 年海南省各市（县）农药施用量

市（县）	用量（吨）									
	2013 年	2014 年	2015 年	2016 年	2017 年	2018 年	2019 年	2020 年	2021 年	2022 年
海口	1 616	1 425	1 260	1 350	1 331	1 295	1 238	1 152	1 144	1 042
三亚	2 942	3 649	2 484	2 544	2 938	2 782	2 517	2 486	2 411	2 334
五指山	166	620	5 023	1 052	624	546	340	316	290	275
文昌	2 321	1 456	1 478	1 353	1 333	1 257	1 203	1 073	1 037	979
琼海	1 915	1 856	2 882	4 855	5 191	5 074	3 755	3 163	3 004	2 760
万宁	1 578	1 502	1 921	1 357	1 257	1 217	1 177	1 005	905	731
定安	145	152	191	194	190	153	155	160	163	157
屯昌	216	217	270	302	299	282	274	271	268	252
澄迈	2 405	2 502	2 525	2 546	2 381	2 401	2 192	1 984	1 895	1 812
临高	871	898	903	686	583	493	376	327	303	302
儋州	965	1 452	1 123	1 198	846	868	741	652	649	627
东方	569	583	522	518	539	516	490	397	381	367
乐东	4 298	5 764	5 823	3 041	2 720	2 652	2 533	2 423	2 322	2 228
琼中	20 359	14 924	10 547	10 129	10 119	972	911	897	877	821
保亭	912	769	811	799	786	581	560	544	532	506
陵水	753	793	799	818	811	891	2 372	1 882	1 809	1 731
白沙	1 308	1 212	1 098	1 131	1 312	1 126	911	885	616	586
昌江	140	156	156	155	148	144	138	129	123	120

（二）农业自然灾害情况

海南省平均每年有 8~9 个台风直接登陆或造成影响，粮食生产主要受台风、旱灾、洪涝、低温冻害等自然灾害的影响。2014 年 15 号强台风"海鸥"造成水稻受灾面积达 75 万亩，成灾面积 46.7 万亩，绝收面积 24.5 万亩，直接经济损失 7 亿元；2023 年台风"泰利"将临高县未收割且快成熟的 2 000 多亩水稻吹倒，倒伏的稻谷在水中浸泡 3 天左右，就会开始发芽，影响农户的水稻收成。政策性水稻种植保险是降低水稻种植户因灾受损的重要手段，财政保费补贴比例高达 80%，农户自缴 20%，为水稻生产起到了保驾护航的作用。

三、粮食消费现状

粮食自给率是从粮食生产和消费两个角度来衡量一个区域粮食自给程度的指标,即一个区域粮食的产量能够满足本区域居民正常生活中对于粮食消费量的需求,进而来反映该区域的粮食安全水平。目前对于粮食消费量的计算方法主要有两种:一种是采用定额统计法来计算区域粮食消费量,而另一种是采用消费统计法来计算区域粮食消费量。

(一) 人口规模与结构

经济发展是推动人口城镇化进程的重要基础,但目前海南区域经济发展水平相对较低,人口城镇化发展存在很多的制约因素,海南常住人口一直以农业人口为主。2010 年国务院发布《国务院关于推进海南国际旅游岛建设发展的若干意见》,海南国际旅游岛建设正式启动,吸引了大量流动人口涌入,成为海南经济建设和社会发展的中坚力量。与我国其他地区不同,海南流动人口主要分为 3 类,一是居住半年型人群,又称为"候鸟人群";二是外来务工人群;三是短期来海南旅游的游客群。2016 年,海南才将"候鸟人群"作为单独量进行统计。

从表 3-20 可以看出,海南常住人口在 2000—2022 年呈上升趋势。海南旅游人次明显高于常住人口数,2000—2006 年呈平稳增长态势,2007 年后增长迅猛。2022 年海南旅游人次是常住人口的 6.09 倍,2022 年接待过夜旅游人次达 4 728.10 万人。长久以来,"候鸟人群"一直是海南人口的重要组成部分,2019 年海南总"候鸟人群"数量达 134.12 万人,其中,常住型"候鸟人群"49.65 万人,流动型"候鸟人群"84.47 万人;2022 年海南总"候鸟人群"数量达 164.77 万人,常住型、流动型"候鸟人群"数量均大幅增加。

表 3-20　海南省人口规模

年份	常住总人口（万人）	非农业人口（万人）	农业人口（万人）	旅游人次（万人次）
2000	760.94	196.87	564.07	1 007.57
2001	769.50	202.31	567.19	1 124.75
2002	778.89	208.46	570.43	1 254.97
2003	790.26	215.36	574.90	1 234.11

(续表)

年份	常住总人口（万人）	非农业人口（万人）	农业人口（万人）	旅游人次（万人次）
2004	805.88	304.53	501.15	1 402.88
2005	819.03	313.73	505.30	1 516.47
2006	833.44	321.36	512.07	1 605.02
2007	849.26	327.87	521.39	1 845.50
2008	864.73	334.96	529.76	2 060.00
2009	879.56	340.01	539.31	2 250.33
2010	896.09	343.46	552.47	2 578.35
2011	907.82	346.13	561.61	3 001.34
2012	901.93	342.26	559.67	3 320.37
2013	908.91	343.82	565.03	3 672.71
2014	916.34	345.01	571.29	4 060.18
2015	907.67	336.68	570.99	4 492.95
2016	902.18	348.41	553.77	6 023.59
2017	910.41	354.38	556.03	6 745.01
2018	925.10	364.01	561.09	7 627.40
2019	937.03	378.37	558.66	8 311.20
2020	953.26	424.93	528.33	6 455.08
2021	973.26	450.58	522.68	8 100.43
2022	984.44	463.76	520.68	6 003.98

数据来源：海南省统计年鉴。

（二）粮食消费情况

1. 定额统计法

《国家粮食安全中长期规划纲要（2008—2020年）》明确指出，人均年粮食消费量达400千克。按此定额标准可以计算出海南省2013—2022年粮食消费量，如图3-7所示，进而计算出海南省粮食自给率，如图3-8所示。

从图3-8中可以看出，海南省粮食自给率呈现下降趋势，属于粮食主销区之一，粮食安全存在风险或不满足粮食安全最低标准。随着海南自由贸易港建设速度的加快，未来海南省粮食安全形势非常严峻。

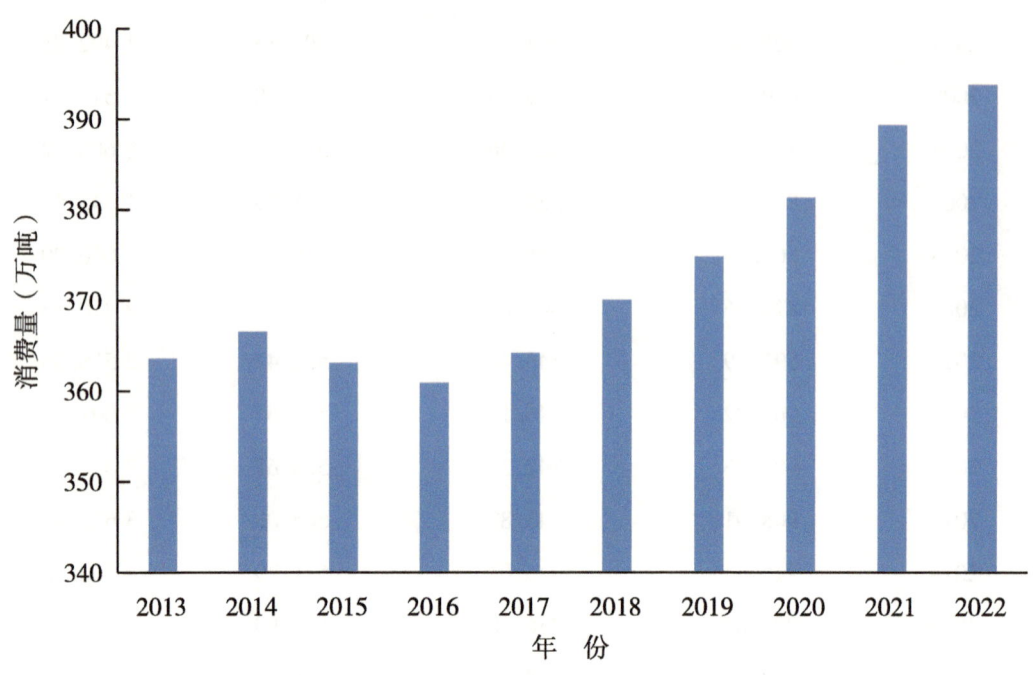

图 3-7　2013—2022 年海南省粮食消费量

2. 消费统计法

消费统计法将粮食消费量划分为 5 部分，分别为直接消费量、工业用粮消费量、饲料用粮消费量、运输及储存过程中的损耗量和留种量。考虑到工业用粮的数量相对较小且获得数据较为困难，故此处海南省粮食消费量的计算主要包括直接消费量、饲料用粮消费量、运输及储存过程中的粮食损耗量和留种量 4 部分。

（1）食物消费结构

海南海洋渔业资源丰富，又是我国重要的冬季瓜菜种植基地，同时，热带水果品种丰富。但海南夏季时间长且天气炎热，植物病虫害及动物疫病防控工作繁重，乳制品业相对匮乏。由于海南独特的地理位置和环境资源，形成了海南特色的食物消费偏好。

随着海南经济社会的不断发展，海南城乡居民的收入均有显著增长。食物消费水平及食物消费结构亦随之转变。居民对肉奶等食品的需求大幅增长，对谷物等食品的需求不断降低，食物消费结构不断升级。

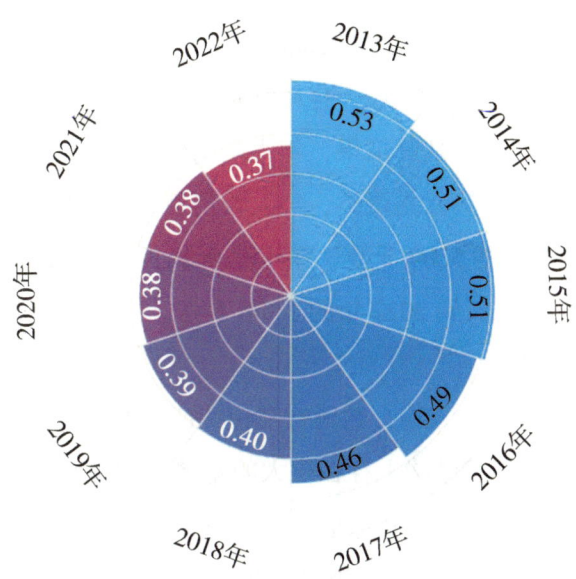

图 3-8　2013—2022 年海南省粮食自给率动态变化

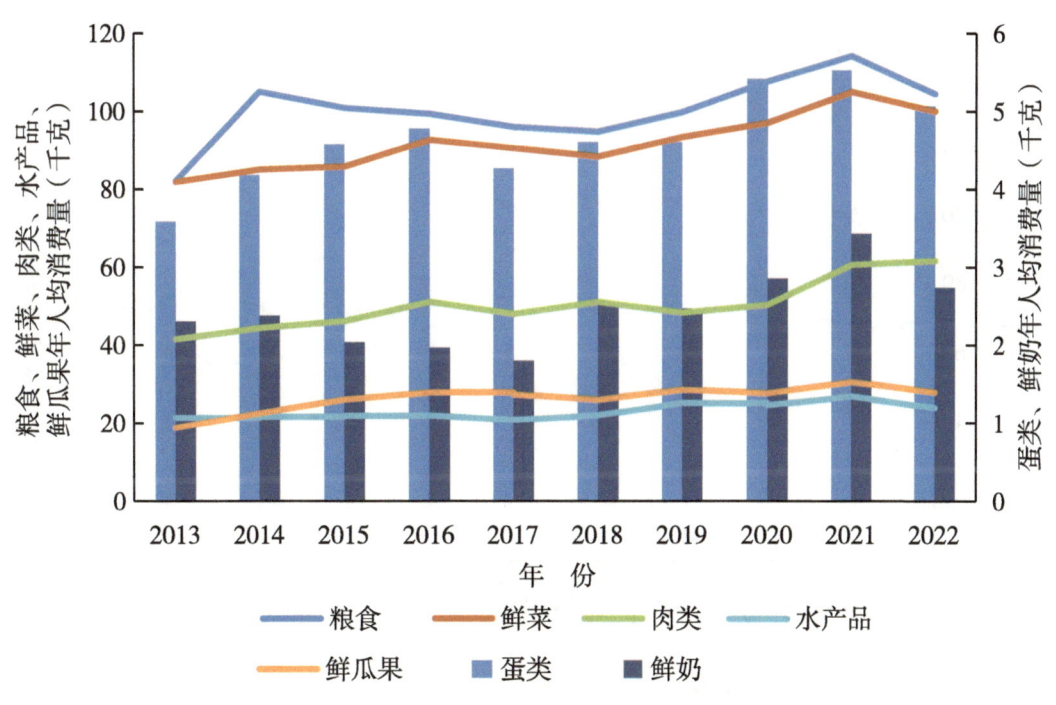

图 3-9　海南省居民人均食物年消费量

海南食物年人均消费量如图 3-9 所示。第一是粮食，年人均消费量总体呈现波动下降，由 2000 年的人均消费 192.76 千克减少到 2022 年的 104.57 千克。第二是鲜菜，年人均消费量平稳中上升，由 2000 年的 73.96 千克上涨到 2022 年的 100.5 千克。第三是肉类，年人均消费量呈增加趋势，由 2000 年的 24.6 千克增长到 2022 年的 61.75 千克。第四是水产品类，年人均消费量由 2000 年的 14.46 千克增长到 2022 年的 24.03 千克。第五是鲜瓜果，年人均消费量由 2000 年的 10.99 千克增长到 2022 年的 28.01 千克。第六是蛋类，年人均消费量增长较为平稳，由 2000 年的 1.73 千克增长到 2022 年的 5.07 千克。第七是鲜奶，年人均消费量总体增长较快，由 2000 年的 0.08 千克增长到 2022 年的 2.74 千克，但海南人均鲜奶消费总量仍然较小。

与其他省（区、市）的人均食物消费结构特征相似，城乡二元结构造成了海南城镇人口和农村人口在消费结构上存在很大的差异。如海南城镇居民人均消费量最大的是鲜菜，而农村居民人均消费量最大的是粮食。2000 年农村人均粮食消费量是城镇人均粮食消费量的 3.43 倍，到 2022 年仍是城镇人口人均消费量的 1.38 倍，而农村人口几乎不涉及鲜奶的消费。

图 3-10 为海南城镇居民年人均食物消费量。第一是鲜菜，2000—2022 年城镇居民人均鲜菜年消费量保持平稳，略有波动增长，由 2000 年的 92.6 千克上涨到

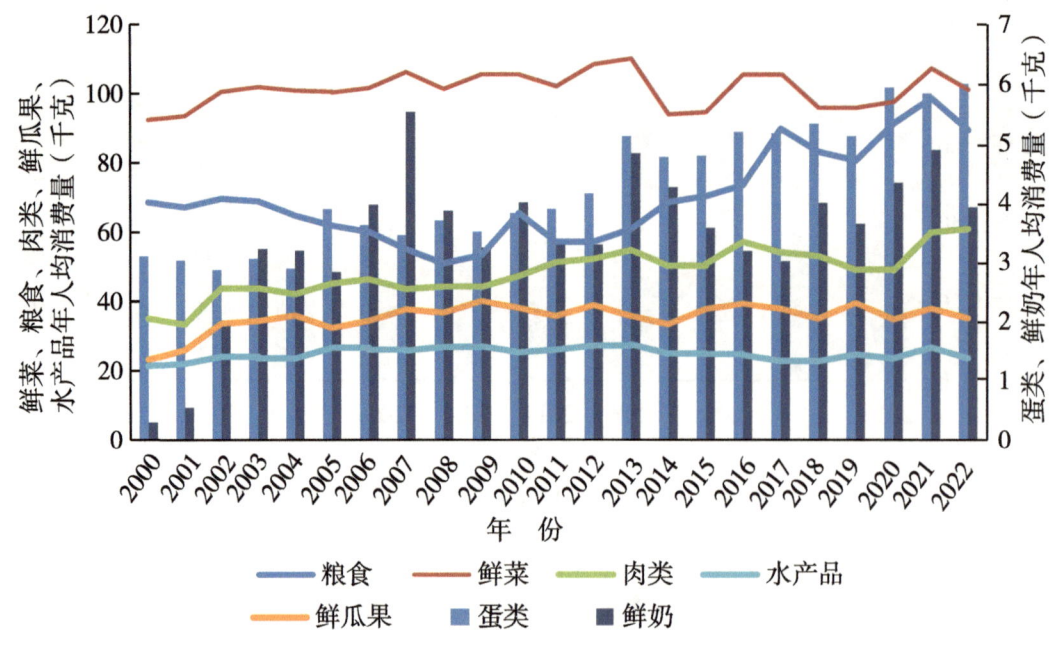

图 3-10　海南省城镇居民人均食物年消费量

2022 年的 101.21 千克。第二是粮食，2000—2008 年海南城镇居民粮食消费量呈下降趋势，由年人均消费 68.7 千克下降到 51.03 千克，随后略有回升，达到 2022 年的 89.57 千克。第三是肉类，年人均消费量增长较为明显，由 2000 年的 35.1 千克增长到 2022 年的 60.99 千克。第四是鲜瓜果，由 2000 年的年人均消费量 23.3 千克增长到 2022 年的 35.17 千克。第五是水产品类，年人均消费量由 2000 年的 21.5 千克增长到 2022 年的 23.65 千克。第六是蛋类，年人均消费量由 2000 年的 3.10 千克增长到 2022 年的 6.00 千克。第七是鲜奶，年人均消费量由 2000 年的 0.3 千克增长到 2022 年的 3.92 千克。

图 3-11 为海南农村居民年人均食物消费量。第一是粮食，呈下降趋势，由 2000 年的 236.06 千克下降到 2022 年的 123.96 千克。第二是鲜菜，基本保持波动性平稳增长，由 2000 年的 67.46 千克增长到 2022 年的 98.55 千克。第三是肉类，由 2000 年的 20.93 千克增长到 2022 年的 62.92 千克。第四是水产品，由 2000 年的 11.96 千克增长到 2022 年的 24.52 千克。第五位是鲜瓜果，由 2000 年的 6.68 千克增长到 2022 年的 18.76 千克。第六位是蛋类，由 2000 年的 1.25 千克增长到 2022 年的 3.86 千克。

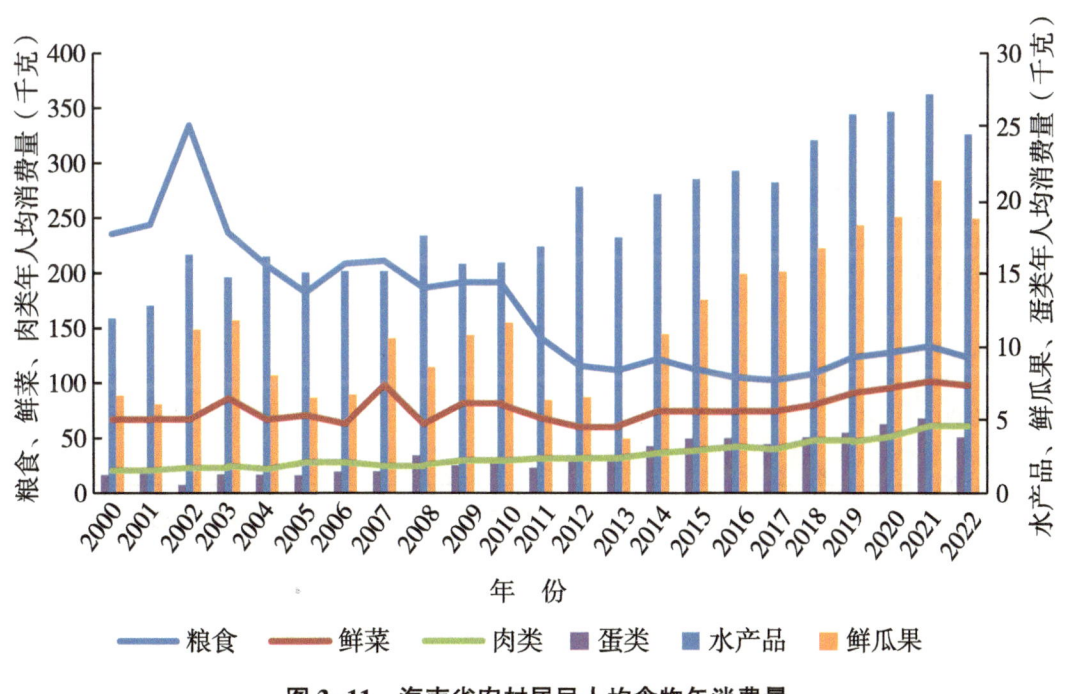

图 3-11 海南省农村居民人均食物年消费量

（2）粮食消费量

海南省居民主要食物消费量最多的是粮食，消费量总体上呈波动式下降趋势。其次为鲜菜，消费量略有稳定增长。再次是肉类，消费量逐年稳定增长，且增长幅度明显快于鲜菜。鲜瓜果、水产品和蛋类消费增长迅速且较为稳定，海南鲜奶消费的基数较小，消费总量增长缓慢。

（3）饲料用粮消费量、运输和储存过程中的粮食损耗量和留种量

饲料粮消费主要涉及的养殖产品有猪肉、牛肉、羊肉、食用油、禽肉、禽蛋、水产品和鲜奶，它们对于粮食的转化率分别为 4.6、4.1、4.1、4.6、3.2、3.6、2.0 和 0.8。粮食生育期、收获期、运输及储存期间存在相应的无效浪费，此外，为了确保粮食可持续生产的有效循环，需要留存一定数量的优质粮食种子用于下一季耕种。此处将相关粮食浪费和留存种子的数量定为当年海南省粮食总产量的 5%。按照消费统计法，海南省 2013—2022 年粮食年消费量、粮食自给率分别如图 3-12 和图 3-13 所示。

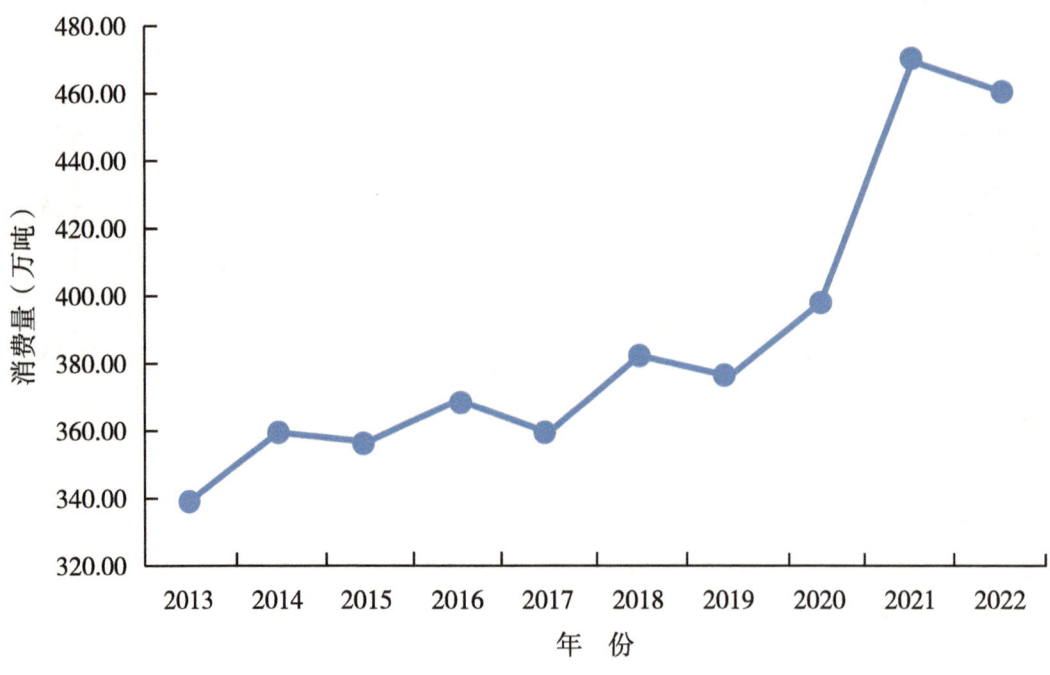

图 3-12　海南省 2013—2022 年粮食年消费量

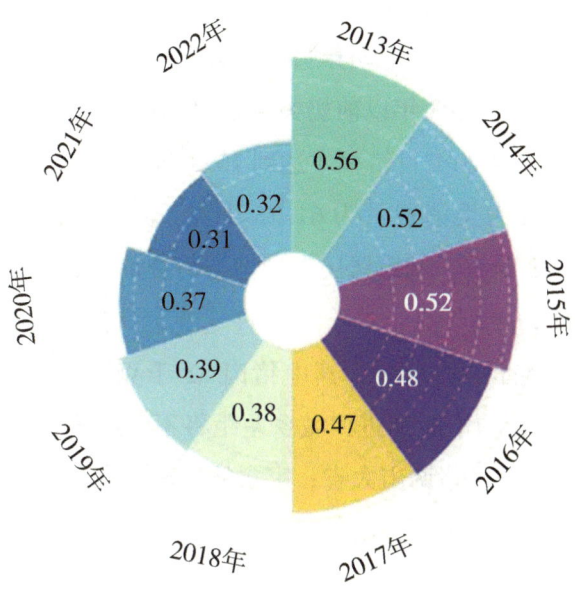

图 3-13　2013—2022 年海南省粮食自给率

四、粮食安全现状

（一）主要食物的自给率、调入调出情况和余缺情况

由于海南省相对封闭的地域特征，自古以来人们过着自给自足的生活，随着生活水平的不断提高，以及国家给予海南省一系列优惠政策，在国际旅游岛和海南自贸区建设背景之下，海南省正处在飞速发展阶段，属于粮食主销区之一。在经济发展的同时，人们在满足粮食需求这一基本的民生问题上遇到了难题，对高品质生活水平的追求使食物消费结构逐渐由米、面向肉、蛋、奶转变，但主要食物，包括粮食、瓜菜、蛋类、肉类、奶类缺乏较严重，都要从岛外大量运进。

对比图 3-8 与图 3-13 可知，近年来海南省粮食自给率均呈现下降趋势，相比全国的粮食自给率还相差甚远，且远远低于粮食安全线 90%。海南省强化省际产销合作，搞活粮食流通，每年省外调入粮食 300 多万吨，有效确保粮食供给。

海南省瓜菜种植以冬季瓜菜为主，种植面积在 300 万亩左右，品种有苦瓜、南瓜、茄子、冬瓜、尖椒、豇豆等，而常年蔬菜用地面积 8 万亩，仅为冬季瓜菜用地面积的 1/40 左右。海南夏秋季蔬菜自给率在 40% 左右；冬春季自给率也只有 60%~70%。海南各地蔬菜自给率差异也很大，海口作为省会城市全年自给率约为

40%，琼中夏秋季自给率仅为10%。

海南省由于气候湿热，不适合饲养奶牛，奶类食物比较缺乏，居民消费的牛奶近80%依靠外省调入，在2008年以前奶类食物自给率低于10%，2008年以后呈现缓慢增加趋势，到2022年奶类自给率才达到10.38%。

2022年海南省人均肉类消费量为61.75千克，其中猪肉30.39千克、牛羊肉5.08千克、禽肉26.28千克；城镇居民人均肉类消费量为60.99千克，略低于全省平均水平，其中猪肉29.92千克、牛羊肉6.41千克、禽肉24.66千克；农村居民为62.72千克，略高于全省平均水平，其中猪肉31千克、牛羊肉3.35千克、禽肉28.37千克。随着城镇化的不断推进，城乡差距将不断缩小，猪肉的消费量将逐年增加，但是海南省仍然是生猪调出大省；家禽的生产在满足本省消费的同时也面向中国香港、新加坡等地高端市场，出岛出口增长迅速；随着城乡居民收入水平的提高和人口的增长，城乡居民对牛肉的消费不断增加，再加上国际旅游岛、海南自由贸易港建设，未来肉牛的缺口将在20万头以上；从国内市场看，受消费需求影响，海南的羊肉市场价格明显高于其他省份，2022年监测到的海南羊肉价格高出全国平均价格的40%以上。

（二）食物调入区域来源情况

海南长期依赖从岛外调入粮食，主要来自广西①、江苏、湖南等省（区）。而海南水产品产量一直为海水产品占据绝对优势，但随着农村产业结构调整及多种经营方式的全面放开，淡水产品的增量呈逐年上升趋势。水产品主要销往内陆省（区、市），从岛外调入量相对较少。

海南省夏秋季气温高、病虫害多，雷雨台风等灾害天气频发，蔬菜种植成本高，产量少，效益低。从品种上分析，海南夏季26个蔬菜品种，有21个主要从岛外调入，其中叶类菜缺口大，每年外调近20万吨，主要从云南、广西、福建等省（区）调入。

奶制品、牛羊肉等调入量相对较大，主要从内蒙古、宁夏②等地区调入，特别是2016年以来，海南相关企业开展点对点的农产品物流配送，例如，将内蒙古的牛羊肉、奶制品运往海南销售，同时将海南的特色水果、冬季瓜菜等销往内蒙古，

---

① 广西壮族自治区，全书简称广西。
② 内蒙古自治区，全书简称内蒙古；宁夏回族自治区，全书简称宁夏。

丰富各地区的"菜篮子""果盘子"。

(三) 城市菜篮子建设情况

"菜篮子"一头连着田间地头,一头连着百姓餐桌,一个小小的"菜篮子",关系着千家万户。保持居民副食品价格稳定是海南省委、省政府为民办实事项目之一,为此,海南省多部门共同发力,扩建常年蔬菜基地、全面升级城镇菜市场、建设平价商店、继续执行鲜活农产品运输"绿色通道",取得显著成绩,让民众的"菜篮子"种类更丰富、质量更安全、拎得更轻松。

根据市(县)"菜篮子"信息统计,截至2022年12月底,海南省常年蔬菜基地种植面积已超过15万亩,产量超过70万吨。仅海口就有常年蔬菜基地149个,总面积50 127.54亩,其中,大棚面积9 421.68亩,近郊种植户自发组织建设的遮雨简易网棚、小拱棚1 610亩,合计11 031.68亩;2022年海口共有菜地8.96万亩,全年蔬菜播种面积41.21万亩,蔬菜面积稳定率为105.4%;蔬菜产量55.97万吨,蔬菜产量稳定率为109.1%。

同时,海南省继续加强平台建设,加大常年"菜篮子"项目资金投入,鼓励探索成立由政府主导的国有控股菜篮子集团,负责"菜篮子"产品的生产、收购、加工、销售、调运和储备;探索建立重要"菜篮子"产品调控目录机制;继续落实与执行国家和海南省鲜活农产品运输"绿色通道"优惠政策,推广海口市做法,颁发"菜篮子"运输车辆通行证,确保运输蔬菜、肉类等车辆顺畅进入各市(县)主城区;建立健全"菜篮子"产品动态储备机制和重大灾害应急机制;建立基本蔬菜品种目标价格管理机制;适时启动城乡低收入群体补贴与物价上涨联动机制;建设海南"菜篮子"网。

(四) 食用农产品储运情况

"十三五"期间,海南省已建成海口农产品中心批发市场,海口秀英、琼山等区域性农产品批发市场,三亚鸿港、南果、崖州农产品批发市场,琼海福松农产品批发市场,新建东方市万通农产品(商品)批发交易市场,基本形成了以海口农产品中心批发市场为核心,海口、三亚、琼海、儋州、东方区域性批发市场为支点的全省农产品批发市场体系。全省建成农贸市场(零售)509家,其中主城区142家、乡镇367家,实现了每1.5万人拥有1个市场的发展目标。通过实施农贸市场升级改造,农贸市场标准化、规范化水平明显提升,全省建成商业冷库、田头预冷库容量约 162 万米³。其中，5 000 米³ 以上冷库容量约占冷库总容量的 92.2%，如罗牛山冷库、中铁保税冷库及三亚佳翔冷库等已具有一定规模。

（五）食用农产品质量安全情况

海南省坚决贯彻习近平总书记关于食品安全和农产品质量安全"四个最严（最严谨的标准、最严格的监管、最严厉的处罚、最严肃的问责）""产出来、管出来"的重要指示精神，针对海南省特点，突出重要品种、重要环节，制定过硬措施，抓出成效。一是提高政治站位。要以高度的政治责任感抓好监管工作落实，要压实地方政府属地责任、部门监管责任和生产经营主体责任，齐抓共管，形成监管合力。二是突出工作重点。要以问题为导向，针对重要品种、工作短板，把问题找准，把原因分析透，切实解决问题，补齐短板。要健全工作机制，用强有力的措施，持续抓好食用农产品"治违禁 控药残 促提升"三年行动和豇豆农药残留突出问题攻坚治理工作落实，完成预定的目标任务。三是创新工作手段。建设完善承诺达标合格证+信用+智慧监管系统，以豇豆和东风螺为主要品种，对所有生产经营主体进行赋码管理，实现产品信息来源可追溯、去向可追踪、责任可追究的信息化智慧监管。四是提升监管能力。要按照"区域定格、网格定人，人员定责"要求健全完善基层网格化监管，加强网格员培训，规范队伍管理，明确职责边界，强化经费保障，切实夯实农产品质量安全监管"最后一公里"的基础。大力推进市（县）农产品质量安全检测机构的能力建设，加强硬件和软件建设，下达监督抽查任务指标，提高人员技术水平，提升"双认证"通过率，为基层的农产品质量安全监管提供强有力的技术支撑。五是用好工作抓手。加强与农业农村部、省直相关部门和市（县）农业农村部门的沟通衔接，量化例行监测、监督抽查、检验检测体系建设、农安县创建、绿色有机农产品认证、农业标准化等工作的具体目标，细化工作计划安排，强化责任考核，增强市（县）农产品质量安全监管的综合能力，进一步提升监管的成效。

五、食物安全存在的问题

（一）供给方面存在的问题

第一，农业产业结构不完善。农业产业布局不合理，特色产业规模不大；低效产业仍占较大比重，全省主要以鲜活农产品交易为主，每年出岛的鲜活农产品超过

900万吨,但规模以上农产品加工企业不多,2022年农产品加工业与农业总产值之比为0.87∶1,远远低于全国2.1∶1的水平。

第二,土地和水资源硬约束日趋加剧。一是耕地数量、质量下降问题较为突出。2022年海南省人均耕地面积仅为1.26亩,低于全国平均水平,耕地复种指数平均154.9%,高于全国150%的平均水平,远超全球耕地平均复种指数115%,甚至海南部分市(县)的部分耕地复种指数高达300%,用地养地矛盾相当突出。二是农业用地矛盾突出。农业园区、休闲农业、农产品加工、畜禽养殖、农产品冷库、农业生产资料经销店、田头设施等有较大的用地需求,但一些市(县)没有严格执行设施农业用地的有关要求,导致部分畜禽养殖、休闲农业等农业项目无法解决用地或违法用地。三是水资源开发利用不足、时空分布不均问题依然存在。海南省多年平均水资源总量为307.3亿米^3,2022年,全省人均拥有水资源3 543米^3,人均综合用水量444米^3,耕地实际灌溉亩均用水量745米^3,农田灌溉水有效利用系数0.576;同时,海南水资源开发利用率仅为14.2%,降水量东部与东南部多,西部与西北部少,缺少配套水资源调蓄设施及条件,洪涝干旱等自然灾害交替发生,这些都会影响到食物的供给水平。

(二) 城市"菜篮子"建设方面存在的问题

第一,生产基地流失和闲置问题较为严重。由于城市化进程的加快,"菜篮子"生产基地越来越少;同时,生产成本增加、抗风险能力弱、营销渠道不够通畅等因素影响农民的积极性,造成生产基地闲置率较高。

第二,基础设施建设滞后。"菜篮子"生产基地主要向远郊扩展,由于资金有限,加上建设时间短,新基地许多功能设施跟不上。其中,排灌水系统标准偏低、设施实际使用规模较小、基地配套设施不完善等问题比较突出,造成新建基地没有发挥出应有的作用和效益。

第三,生产管理方式落后。生产模式主要还是以单个农户为主,少部分为企业管理模式,极少部分以"合作社+农民"形式组织经营。由于农户种养规模小、机械化程度低、劳动强度大、生产成本高、投入能力弱,抵御自然灾害和市场风险的能力极低,严重影响农户积极性;而企业管理模式,又因为劳力成本高,管理费用大,单位成本较高,经营也极为艰难。

第四,农业生产技术支撑能力不够。基层技术力量严重缺乏,大部分乡镇农业服务中心缺少专业农业技术人员,无力对种养开展技术指导和服务;组织农户学习培训的工作开展较少,农户接受新知识有限,制约了新品种、新技术的推广和应用。

第五,市场建设滞后,供求调节能力差。大型批发市场相对欠缺,销售渠道不畅,产得出来但销不出去时有发生;直销市场相对欠缺,"马路市场"占道经营现象仍在相当范围内存在;一些新建居民社区,尚未设立菜市场,社区居民买菜难的问题比较突出;市场监管力度不够,有些市场存在欺行霸市、强定菜价现象,乡镇市场"脏、乱、差"问题仍然突出。

(三)农产品储运方面存在的问题

海南省农产品物流和储运基础设施建设相对于全国来说仍较薄弱,社会化、专业化服务程度低,物流和储运成本居高不下,严重制约了农产品储运和流通,主要体现:一是对农村交通与通信基础设施建设投入不足,农村道路等级低、路况差,导致农产品在途时间长、运输损耗大;二是农产品冷链物流等基础设施远远不能满足现代农业要求,冷藏储运基础设施滞后,造成农产品巨大的在途损失,由于海南省出岛的农产品物流量大,农产品冷链物流不多,其中1/3左右的鲜活农产品在物流环节中被损耗,而发达国家的鲜活农产品损失率则控制在5%以下;三是物流体系不发达,导致出岛出口的农产品物流成本居高不下,目前海南省大部分从事农产品储运的企业拥有的储运手段较单一,运输网络不完善,重复、对流运输比率较高,货运汽车空返现象严重,导致出岛的农产品运输成本非常高;四是物流信息网络设施不健全,农产品流通信息不畅,造成了农产品市场调节的盲目性。

(四)质量安全方面存在的问题

一是化肥农药用量虽然在减少,但是相对用量仍然较大,造成农田土壤和地下水污染严重;二是畜禽粪便资源化利用率较低,大量畜禽粪便未被及时处理利用;三是农作物秸秆综合利用水平不高。

(五)食物安全应急保障建设存在的问题

第一,海南省农业信息化水平相比全国来说,仍然不高。信息化引领现代农业发展是一个重要的趋势,但由于海南省农村信息基础相对薄弱,以至于运用信息技术构建农业社会化服务体系并建立信息化的市场、服务、监管平台等都存在较大的困难。另外，农产品质量安全监管、动植物疫病防控等公共服务体系也较薄弱。

第二，海南省农业保险特别是大灾风险分散机制尚不健全。台风、暴雨、季节性干旱、冬春季节局部低温阴雨、干热风和西部地区缺水等自然灾害多发。2014年"威马逊""海鸥"两大台风造成农业直接经济损失达108亿元，相当于过去两年农业增加值的增量之和。

第三，海南省病虫害威胁严重，防控形势依然严峻。以香蕉枯萎病、槟榔黄化病、柑橘黄龙病为代表的重大病虫害大面积发生，使全省香蕉种植面积从前几年的近100万亩减至51万亩，槟榔黄化病的发生率高达30%以上，琼中绿橙产业受柑橘黄龙病的危害，收获面积从最高3万亩减至目前1.7万亩左右。

第二节　海南省粮食安全综合评价

一、海南省粮食安全评价指标体系构建

（一）指标设计原则

评价指标的选取是进行正确评价的关键，其合理性直接关系到评价结果的科学性和可靠性。

1. 系统性原则

把海南省粮食安全评价体系视作一个系统，系统内各个要素和各个层级相互独立但又紧密联系。既要整体布局体现粮食安全整体特征，又要使子系统的要素能反映其某一方面的特征。

2. 科学性原则

海南省粮食安全评价指标的选择和权重的判断要科学合理且有所依据，能够正确反映海南省粮食生产、消费现状及未来趋势。

3. 指导性原则

海南省粮食安全评价所选择的相关指标要具有指导性和方向性，不仅能反映今后一段时间海南省粮食安全建设的重点和关键点，也要能为其提供方向性指引。

4. 可操作原则

海南省粮食安全评价指标不仅要可数据化，还要有较好的数据可获得性。

5. 协调性原则

海南省粮食安全评价指标体系的设计，要协调好评价指标的全面性和代表性，还要协调好评价指标历史、当下和未来之间的关系。

（二）指标体系的设计

结合海南省粮食生产的实际情况，从数量安全、环境安全、质量安全、经济安全、贸易安全5个方面入手，构建海南省粮食安全评价指标体系，具体指标如表3-21所示。

表3-21 海南省粮食安全评价指标体系

一级指标	二级指标	指标单位	指标性质
数量安全	粮食产量（$X1$）	吨	正向指标
	粮食播种面积（$X2$）	千克/公顷	正向指标
	人均粮食占有量（$X3$）	千克/人	正向指标
	粮食产量波动系数（$X4$）		负向指标
	单位耕地面积粮食产量（$X5$）	千克/公顷	正向指标
环境安全	单位耕地面积农药施用量（$X6$）	吨/公顷	负向指标
	单位耕地面积化肥施用量（$X7$）	吨/公顷	负向指标
	复种指数（$X8$）	%	负向指标
	除涝面积（$X9$）	万公顷	正向指标
	水土流失治理面积（$X10$）	万公顷	正向指标
质量安全	人均耕地面积（$X11$）	公顷/人	正向指标
	农田有效灌溉面积（$X12$）	公顷	正向指标
	粮食生产财政支出（$X13$）	万元	正向指标
	农业机械化水平（$X14$）	千瓦/公顷	正向指标
经济安全	粮食消费价格指数（$X15$）		负向指标
	农村居民人均可支配收入（$X16$）	元/人	正向指标
	恩格尔系数（$X17$）	%	负向指标

（续表）

一级指标	二级指标	指标单位	指标性质
贸易安全	粮食进口依存度（X18）	%	负向指标
	贸易竞争指数（X19）		正向指标

(三) 指标计算与说明

第一，数量安全在一定程度上代表了粮食生产能力，选取 5 个指标反映粮食的数量安全。其中，粮食产量的波动率的计算公式：

$$X4 = (Y_t - Y'_t)/Y'_t \quad (3-1)$$

式中，Y_t 表示 t 年产量；Y'_t 为趋势产量；研究中采用 5 年移动平均值表示。

第二，环境安全主要反映粮食生产对环境的客观影响，选取单位耕地面积农药施用量、单位耕地面积化肥施用量、复种指数、除涝面积、水土流失治理面积 5 个指标，主要原因：农药和化肥是污染土壤种植环境的主要来源；耕地质量是粮食安全的重要保障，耕地的可持续利用至关重要，当前，海南耕地资源过度使用，亟须探索种地与养地相结合的耕作制度，以调节和改善耕地质量，为衡量耕地使用状况，设置复种指数指标，用农作物播种面积与耕地面积的比值来表示；除涝面积、水土流失治理面积也是衡量粮食生态环境安全的重要指标。

第三，质量安全主要反映粮食的生产效率。其中农业机械化水平选用农业机械总动力与农作物播种面积来表示，粮食生产财政支出计算公式：

$$B_f = F(S_f/S) \quad (3-2)$$

式中，B_f 表示粮食生产财政支出；F 表示海南省财政农林水支出；S_f 表示粮食播种面积；S 表示农作物总播种面积。

第四，经济安全是反映粮食的可获得性，选取粮食消费价格指数、农村居民人均可支配收入、恩格尔系数 3 个指标。

第五，贸易安全是指粮食进出口的数量对海南粮食安全的影响。粮食进口依存度选择粮食进口量和粮食生产总量的比值表示，贸易竞争指数选取农产品出口额与农产品进出口总额的比值表示。

二、研究数据与模型构建

(一) 数据来源

考虑到数据的准确性和缺失情况,研究样本的时间跨度为 2013—2022 年,数据来源于《中国统计年鉴》《中国农村统计年鉴》《海南统计年鉴》。采用多种公开数据来源,结合各评价指标进行收集和整理。在数据处理过程中,采用插值法等方法对个别缺失数据进行了补充,尽可能保证数据的完整性和准确性。

(二) 评价模型

熵权法是一种常用的综合评价方法,可以将综合指标和单项指标结合起来,使评价更加准确。本研究选用熵权法主要是因为其可以以最小的数据源反映出粮食安全的完整性,从宏观上分析粮食安全的整体情况,避免了过多依赖专家经验和主观判断的问题。熵权法可以避免主观性,减少信息损失,且运算较为灵活。本研究利用熵权法改进了评估对象正、负理想 TOPSIS 模型,对海南省粮食安全进行综合评价。

1. 具体评价步骤

设有 m 个被评价主体,n 个具体评价指标,x_{ij} 是第 i 个被评价主体中第 j 个指标的原始数据,则设初始评价矩阵 X:

$$X = \begin{bmatrix} x_{11} & \cdots & x_{1n} \\ \vdots & \ddots & \vdots \\ x_{m1} & \cdots & x_{mn} \end{bmatrix} \tag{3-3}$$

第一步,数据标准化处理。由于各个指标量纲不同,因此先对各个指标数据进行标准化处理。对于正向指标,按照式(3-4)处理;对于负向指标,按照式(3-5)处理:

$$y_{ij} = \frac{x_{ij} - \min(x_{ij})}{\max(x_{ij}) - \min(x_{ij})} \tag{3-4}$$

$$y_{ij} = \frac{\max(x_{ij}) - x_{ij}}{\max(x_{ij}) - \min(x_{ij})} \tag{3-5}$$

式(3-4)和式(3-5)中,y_{ij} 是第 i 个评价对象中第 j 个指标的标准化值,处理后得到标准化矩阵 Y:

$$Y = \begin{bmatrix} y_{11} & \cdots & y_{1n} \\ \vdots & \ddots & \vdots \\ y_{m1} & \cdots & y_{mn} \end{bmatrix} \qquad (3-6)$$

第二步，根据式（3-7）计算第 j 个项指标下第 i 个评价对象的特征比重（贡献度）r_{ij}：

$$r_{ij} = \frac{y_{ij}}{\sum_{i=1}^{m} y_{ij}} \qquad (3-7)$$

经过上述计算，得到特征比重矩阵 R：

$$R = \begin{bmatrix} r_{11} & \cdots & r_{1n} \\ \vdots & \ddots & \vdots \\ r_{m1} & \cdots & r_{mn} \end{bmatrix} \qquad (3-8)$$

第三步，根据式（3-9）计算每个指标的信息熵 e_j：

$$e_j = -K \sum_{i=1}^{m} r_{ij} \ln r_{ij} \qquad K = \frac{1}{\ln m} \qquad (3-9)$$

第四步，根据式（3-10）计算每个指标的权重 w_j：

$$w_j = \frac{(1 - e_j)}{\sum_{j=1}^{n} (1 - e_j)} \qquad (3-10)$$

第五步，用向量规范法求得规范矩阵 G：

$$G = \begin{bmatrix} g_{11} & \cdots & g_{1n} \\ \vdots & \ddots & \vdots \\ g_{m1} & \cdots & g_{mn} \end{bmatrix} \qquad (3-11)$$

其中，

$$g_{ij} = \frac{y_{ij}}{\sqrt{\sum_{i=1}^{m} y_{ij}^2}} \qquad (3-12)$$

第六步，构造加权规范化决策矩阵 Z：

$$z_{ij} = w_j \times g_{ij} \qquad (3-13)$$

$$Z = \begin{bmatrix} z_{11} & \cdots & z_{1n} \\ \vdots & \ddots & \vdots \\ z_{m1} & \cdots & z_{mn} \end{bmatrix} = \begin{bmatrix} w_1 g_{11} & \cdots & w_n g_{1n} \\ \vdots & \ddots & \vdots \\ w_1 g_{m1} & \cdots & w_n g_{mn} \end{bmatrix} \qquad (3-14)$$

第七步，确定每个指标的正理想解和负理想解。

设 Z_j^+ 和 Z_j^- 分别是矩阵 Z 中第 j 项指标的极大值和极小值,则正理想解:

$$Z_j^+ = [Z_1^+, Z_2^+, \cdots, Z_n^+] \quad (j=1, 2, \cdots, n) \quad (3-15)$$

负理想解:

$$Z_j^- = [Z_1^-, Z_2^-, \cdots, Z_n^-] \quad (j=1, 2, \cdots, n) \quad (3-16)$$

第八步,计算各评价对象到两个解的分离度:

$$d_i^+ = \sqrt{\sum_{j=1}^n (z_{ij} - z_j^+)^2} \quad (m \geq i \geq 1, n \geq j \geq 1) \quad (3-17)$$

$$d_i^- = \sqrt{\sum_{j=1}^n (z_{ij} - z_j^-)^2} \quad (m \geq i \geq 1, n \geq j \geq 1) \quad (3-18)$$

第九步,计算各评价对象与正理想解的贴近度 S_i:

$$S_i = \frac{d_i^-}{d_i^+ + d_i^-} \quad (m \geq i \geq 1) \quad (3-19)$$

式中,S_i 为第 i 个评价对象的粮食安全发展水平接近最优水平的程度,一般称为"贴近度",其取值范围为 [0,1],S_i 越大,表明粮食安全发展水平越高。

2. 粮食安全评价模型

根据因子贡献度表示单一指标对总目标的贡献大小,通常可以用单个因素的权重 w 表示,因此贡献度大小可以表示各指标对粮食安全影响程度的高低,具体计算式:

$$F_i = w_i \quad (3-20)$$

式中,F_i 为贡献度;w_i 为各指标权重。

三、结果与分析

(一) 指标权重确定

根据式 (3-3) 至式 (3-10) 计算出各评价指标的权重,结果见表 3-22。

表 3-22 海南省粮食安全评价指标信息熵与权重

一级指标	一级指标权重(%)	二级指标	信息熵	二级指标权重(%)
数量安全	27.51	X1	0.991 4	4.15
		X2	0.987 2	6.20
		X3	0.987 9	5.85
		X4	0.986 2	6.71
		X5	0.990 5	4.60

（续表）

一级指标	一级指标权重（%）	二级指标	信息熵	二级指标权重（%）
环境安全	28.40	X6	0.988 1	5.76
		X7	0.989 1	5.26
		X8	0.987 7	5.97
		X9	0.987 9	5.85
		X10	0.988 5	5.56
质量安全	21.38	X11	0.990 0	4.83
		X12	0.990 2	4.77
		X13	0.985 3	7.11
		X14	0.990 4	4.66
经济安全	13.70	X15	0.992 0	3.88
		X16	0.989 9	4.91
		X17	0.989 9	4.91
贸易安全	9.02	X18	0.993 7	3.04
		X19	0.987 7	5.98

由表3-22可以知道，粮食安全指数中数量安全、环境安全、质量安全、经济安全、贸易安全的权重分别为27.51%、28.40%、21.38%、13.70%、9.02%，环境安全、数量安全、质量安全的权重最高，体现出海南省对生态环境、供给能力、产品质量的高度重视，这也是海南省坚持绿色发展，强化粮食安全各方面的投入的客观反映。但是经济安全、贸易安全的权重还相对较低，主要是因为海南省农村居民人均可支配收入水平尚不高，恩格尔系数相对较大，国际竞争力水平不强。从二级指标来说，粮食生产财政支出（$X13$）、粮食产量波动系数（$X4$）、粮食播种面积（$X2$）、贸易竞争指数（$X19$）、复种指数（$X8$）等是影响海南省粮食安全重要水平的因素。

（二）海南省粮食安全指数

利用上述粮食安全评价指标体系和各个指标权重，计算2013—2022年海南省粮食安全指数及 5 个一级指标的指数,其变化趋势如图 3-14 和图 3-15 所示。

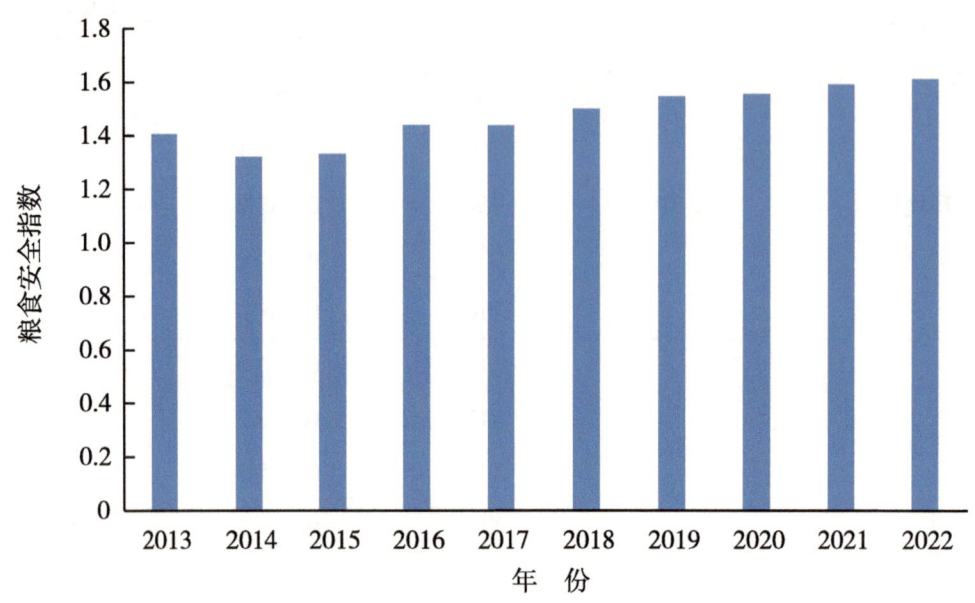

图 3-14　2013—2022 年海南省粮食安全指数变化趋势

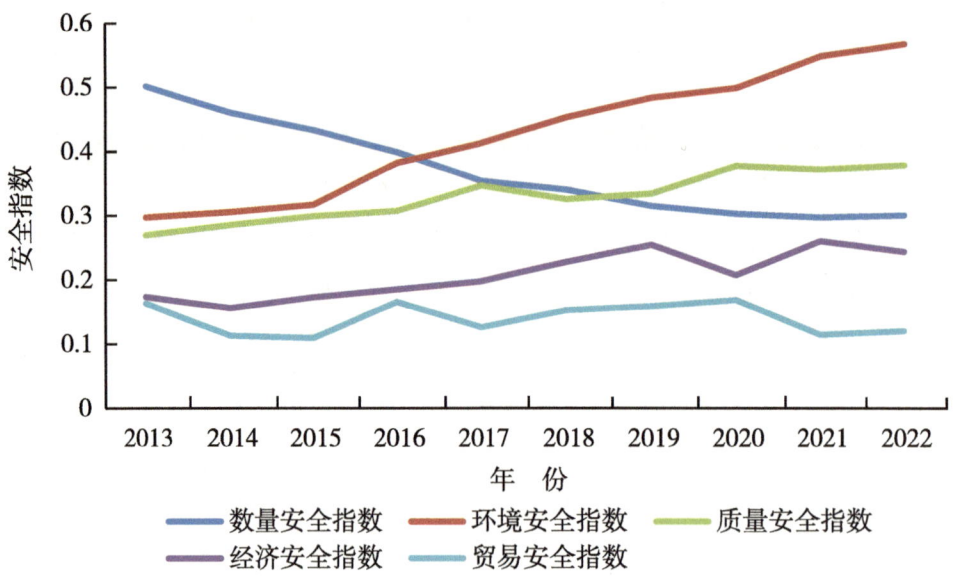

图 3-15　2013—2022 年海南省粮食安全子系统安全指数变化趋势

虽然海南省粮食自给率不断下降,但是从粮食安全指数上来看,近 10 年海南省粮食安全水平总体上呈现上升趋势,但是上升幅度不大,从 2013 年的 1.41 上升到 2022 年的 1.61，年均增长率为 1.54%。从数量安全指数、环境安全指数、质量安全指数、经济安全指数、贸易安全指数等指标上来说，数量安全指数呈现下降趋势，从 2013 年的 0.50 下降到 2022 年的 0.30，说明海南省粮食自给率在下降；环境安全指数呈现上升趋势，从 2013 年的 0.30 上升到 2022 年的 0.57，说明海南省在化肥与农药"两减"、土壤整治等环节已取得实效，并且不断提升；质量安全指数、经济安全指数也呈现上升趋势，只是个别年份有波动，质量安全指数从 2013 年的 0.27 增长到 2022 年的 0.38，经济安全指数从 2013 年的 0.17 增长到 2022 年的 0.24，说明海南省十分关注农民收入水平的提升，多渠道提升农民粮食生产的效率；贸易安全指数呈现下降趋势，但是变化不大，2013 年为 0.16，2022 年降为 0.12。

(三) 海南省粮食安全贴近度

按照贴近度计算方法，2013—2022 年海南省粮食安全贴近度计算结果如图 3-16 所示。从图 3-16 中可以看出，海南省粮食自给率虽然不断下降，但是粮食安全贴近度总体上呈现增长趋势，增长幅度不大，2013 年为 0.46，2022 年达到 0.54，年均增长率仅为 1.85%，也体现了政府部门对粮食安全的重视。

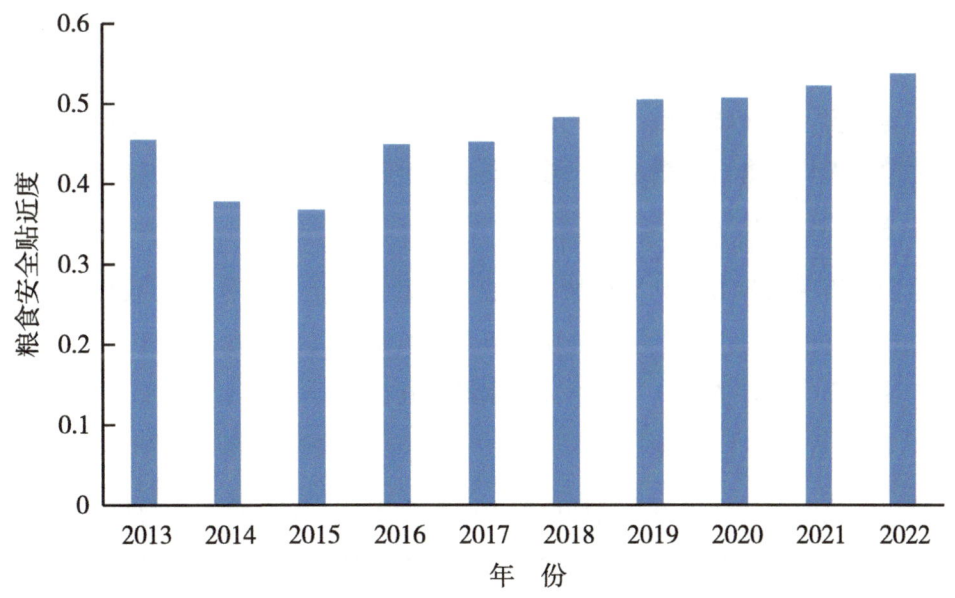

图 3-16　2013—2022 年海南省粮食安全贴近度

第三节 海南省各市（县）粮食安全水平评价

在研究了海南省域层面粮食安全状况的基础上，针对各市（县）粮食安全开展评价。鉴于数据的可获取性，市（县）层面关于粮食安全评价比较流行的方法是系数综合评价法，即从粮食总产量波动系数、粮食自给率、人均耕地面积、人均粮食占有量和粮食单位面积产量等方面进行评估，并将指标得分加总得到。

一、评价方法及数据来源

（一）评价方法

海南省各市（县）粮食安全评价研究在参考朱泽（1997）、吕晓虎和赵景波（2010）等的研究基础上，也采用粮食安全系数综合评价法对海南省18个市（县）（三沙市除外）的粮食安全状况进行评价。根据海南省社会经济、自然条件的实际情况，选择了5个易于获取、操作性强，并且最能客观反映各地粮食安全现状的指标，即人均粮食占有量、粮食自给率、粮食单位面积产量、人均耕地面积、粮食生产波动系数，并应用德尔斐法确定各个指标的权重。

1. 人均粮食占有量（O）

人均粮食占有量指各市（县）区域内人均拥有粮食的数量，为粮食总产量与总人口之比。人均粮食占有量越大，粮食安全度也越高，该指标权重设为0.25。

2. 粮食自给率（S）

粮食自给率指各市（县）区域内粮食生产总量满足其自身消费总量的程度，为粮食总产量与粮食总消费量的百分比，粮食自给率越高，粮食安全度也越高，也反映了区域粮食的对外依存度，该指标权重设为0.3。

3. 粮食单位面积产量（P）

粮食单位面积产量指单位播种面积上的粮食产出，为粮食产量与粮食播种面积之比，该指标综合反映了土地的资源禀赋、投入水平及生产条件，是衡量土地生产力水平和技术效应的重要指标。在播种面积不变时，粮食单位面积产量越高，粮食产量也越大，粮食安全度也就越高，两者呈正相关，该指标权重设为0.2。

4. 人均耕地面积（(L)）

人均耕地面积指标能综合反映各市（县）自然资源状况，一般情况下，人均耕地越多，则粮食安全度越高，指标权重设为0.15。

5. 粮食生产波动系数（V）

粮食生产波动系数指各市（县）粮食生产的健康与稳定水平，是反应粮食安全的一个重要的指标。粮食生产波动系数的计算公式：

$$V = (Y_t - Y'_t)/Y'_t \tag{3-21}$$

式中，Y_t表示t年产量，Y'_t为趋势产量，研究中采用5年移动平均值表示。

根据上述概念及公式，分别计算人均粮食占有量O、粮食自给率S、粮食单位面积产量P、人均耕地L、粮食生产波动系数V所对应的取值O_i、S_i、P_i、L_i、V_i，则得到粮食安全系数的分值Q：

$$Q_i = 0.25O_i + 0.3S_i + 0.2P_i + 0.15L_i + 0.1V_i \tag{3-22}$$

（二）数据来源

各市（县）的数据来源于《海南省统计年鉴（2014—2023）》以及所对应年份的各市（县）统计年鉴。

计算各指标的安全系数分值时，考虑到海南省作为粮食主销区实际情况，在参照前人研究的取值标准上，确定各项指标的系数分值（表3-23）。

表3-23 粮食安全系数取值

分值	人均粮食占有量（千克/年）	粮食自给率（%）	粮食单位面积产量（千克/亩）	人均耕地（亩）	粮食生产波动系数（%）
0	≤30	≤10	≤260	≤0.3	≤5
0.1	30~70	10~20	260~275	0.3~0.4	5~8
0.2	70~110	20~30	275~290	0.4~0.5	8~11
0.3	110~150	30~40	290~305	0.5~0.6	11~14
0.4	150~190	40~50	305~320	0.6~0.7	14~17
0.5	190~230	50~60	320~335	0.7~0.8	17~20
0.6	230~270	60~70	335~350	0.8~0.9	20~23
0.7	270~310	70~80	350~365	0.9~1.0	23~26

分值	人均粮食占有量（千克/年）	粮食自给率（%）	粮食单位面积产量（千克/亩）	人均耕地（亩）	粮食生产波动系数（%）
0.8	310~350	80~90	365~380	1.0~1.1	26~29
0.9	350~390	90~100	380~395	1.1~1.2	29~32
1.0	>390	>100	>395	>1.2	>32

二、评价结果及分析

（一）评价结果

将各市（县）相关数据代入粮食安全系数计算公式中，得到各市（县）的粮食安全系数如表3-24所示。

表3-24 2013—2022年海南省各市（县）粮食安全系数

市（县）	粮食安全系数										
	2013年	2014年	2015年	2016年	2017年	2018年	2019年	2020年	2021年	2022年	平均
海口	0.21	0.22	0.12	0.10	0.12	0.14	0.14	0.13	0.13	0.15	0.14
三亚	0.26	0.32	0.16	0.16	0.16	0.20	0.20	0.19	0.21	0.19	0.20
五指山	0.47	0.48	0.40	0.40	0.36	0.35	0.33	0.30	0.32	0.32	0.37
文昌	0.47	0.50	0.43	0.40	0.37	0.29	0.33	0.36	0.36	0.36	0.38
琼海	0.54	0.52	0.45	0.45	0.40	0.39	0.36	0.39	0.41	0.36	0.42
万宁	0.29	0.31	0.28	0.28	0.28	0.25	0.27	0.34	0.36	0.36	0.30
定安	0.64	0.63	0.65	0.65	0.65	0.59	0.54	0.56	0.56	0.56	0.60
屯昌	0.64	0.54	0.62	0.62	0.57	0.55	0.57	0.59	0.59	0.59	0.58
澄迈	0.70	0.73	0.73	0.73	0.71	0.68	0.68	0.73	0.71	0.73	0.71
临高	0.50	0.55	0.43	0.43	0.51	0.44	0.51	0.57	0.59	0.57	0.51
儋州	0.44	0.43	0.37	0.36	0.31	0.31	0.35	0.37	0.32	0.30	0.35
东方	0.62	0.46	0.49	0.42	0.35	0.40	0.44	0.42	0.40	0.42	0.44
乐东	0.49	0.52	0.41	0.44	0.39	0.36	0.38	0.40	0.40	0.43	0.42

(续表)

市（县）	粮食安全系数										
	2013年	2014年	2015年	2016年	2017年	2018年	2019年	2020年	2021年	2022年	平均
琼中	0.56	0.47	0.43	0.43	0.36	0.34	0.36	0.33	0.33	0.31	0.39
保亭	0.42	0.43	0.35	0.35	0.28	0.29	0.27	0.27	0.29	0.29	0.32
陵水	0.56	0.56	0.49	0.51	0.43	0.36	0.36	0.33	0.31	0.31	0.42
白沙	0.43	0.50	0.32	0.32	0.34	0.35	0.31	0.31	0.29	0.29	0.34
昌江	0.52	0.38	0.35	0.32	0.30	0.27	0.26	0.26	0.23	0.26	0.31

从表3-24可以看出，海南省18个市（县）（三沙市除外）中粮食安全系数大都呈现降低趋势，其中粮食安全系数最高的是澄迈，2013—2022年的平均值为0.71，其次是定安、屯昌，10年间的平均值分别为0.60、0.58，最低的是海口，10年间平均值仅为0.14。

（二）结果分析

从人均粮食占有量来说，2013—2022年，澄迈人均粮食占有量最高，10年间平均值达到415千克/年；其次是定安，人均粮食占有量10年间平均值为371千克/年；海口、三亚人均粮食占有量10年间平均值最低，分别为57.8千克/年、57.7千克/年。

按照人均400千克/年的消费标准计算出粮食自给率，2013—2022年，澄迈粮食自给率最高，10年间平均值达到103.77%，生产的粮食完全可以满足该区域人口的消费需求；其次是定安，粮食自给率10年间平均值为92.77%；海口、三亚粮食自给率10年间平均值最低，分别为14.45%、14.43%。

从粮食单位面积产量来看，各市（县）粮食单位面积产量相差不大，2013—2022年，澄迈粮食单位面积产量最高，10年间平均值达到377.61千克/亩；其次是屯昌、五指山、儋州，粮食单位面积产量10年间平均值达到360千克/亩；海口粮食单位面积产量10年间平均值最低，但是也达到308.66千克/亩。

从人均耕地面积来说，耕地面积是决定粮食产量的基础，是粮食生产的保障，2013—2022年，昌江人均耕地面积最高，达1.54亩；其次是东方，人均耕地面积10年间平均值达到1.52亩，定安县人均耕地面积10年间平均值也达到1.19亩，人均耕地面积超过1亩的还有文昌、临高；三亚、海口人均耕地面积最少，10年间平均值分别为0.26亩、0.30亩。

从粮食生产波动系数来看，各市（县）粮食生产的波动情况不一，2013—2022年，澄迈粮食生产波动系数最小，可以说几乎没有什么变化，常年稳定在18万~21万吨；其次是临高、万宁，粮食生产波动系数10年间平均值为0.1；昌江粮食生产波动系数最大，10年间平均值为0.9。

2013—2022年海南各市（县）人均粮食占有率、粮食自给率、粮食单位面积产量、人均耕地面积、粮食生产波动系数如表3-25所示。

表3-25　2013—2022年海南省各市（县）相关指标平均值

市（县）	人均粮食占有量（千克年）	粮食自给率（%）	粮食单位面积产量（千克/亩）	人均耕地面积（亩/人）	粮食生产波动系数（%）
海口	57.79	14.45	308.66	0.30	20.70
三亚	57.73	14.43	347.39	0.26	18.58
五指山	166.21	41.55	360.46	0.41	23.01
文昌	244.91	61.23	287.93	1.05	17.33
琼海	226.41	56.60	350.26	0.67	14.13
万宁	168.39	42.10	317.89	0.51	6.45
定安	371.08	92.77	328.94	1.19	9.94
屯昌	330.54	82.64	360.62	0.79	9.10
澄迈	415.06	103.77	377.61	0.90	4.78
临高	272.26	68.07	357.45	1.07	5.62
儋州	156.05	39.01	359.82	0.79	19.49
东方	232.16	58.04	349.19	1.52	15.22
乐东	248.45	62.11	313.83	0.96	9.53
琼中	204.35	51.09	343.50	0.84	24.69
保亭	168.71	42.18	322.54	0.59	14.68
陵水	215.85	53.96	340.05	0.50	25.95
白沙	165.27	41.32	338.45	0.98	17.99
昌江	158.85	39.71	327.71	1.54	29.88

第四节　海南省粮食安全影响因素分析

2023年中央一号文件《中共中央　国务院关于做好二〇二三年全面推进乡村振兴重点工作的意见》明确提出：全力抓好粮食生产。确保全国粮食产量保持在1.3万亿斤以上，各省（区、市）都要稳住面积、主攻单产、力争多增产。全方位夯实粮食安全根基，强化"藏粮于地、藏粮于技"的物质基础，健全"农民种粮挣钱得利、地方抓粮担责尽义"的机制保障。

影响海南省粮食安全的因素很多，既有影响生产的因素，也有影响消费的因素。影响生产的因素有播种面积、单位面积产量等，其中，影响单位面积产量的因素非常多，如气候、品种、技术、田间管理、农资投入等。影响消费的因素也非常多，如人口数量、居民消费结构、社会经济发展水平等。有些因素既影响生产端，也影响消费端，如人口数量、城镇化水平等。

一、粮食产量的影响因素

粮食产量是由播种面积和单位面积产量共同决定的。通过分析海南省粮食产量与播种面积和单位面积产量之间的相关关系可知，粮食产量与播种面积和单位面积产量均表现出显著的正向相关关系。海南省是全国陆地面积最小的省，虽通过扩大耕地面积亦可以达到提高粮食产量的目的，但考虑到海南省人均粮食播种面积、复种指数相对较高，且随着"绿水青山就是金山银山"理念的不断深入人心，城市化、人口老龄化程度的提高，以及海南自由贸易港建设进程的加快，未来不排除海南省耕地数量减少和质量下降。这也决定了无法通过扩大耕地面积来提高海南粮食播种面积，也不存在压减其他作物播种面积来大幅度增加粮食播种面积的可能性，进而无法达到提高粮食产量的目的，未来海南省粮食产量的增加还得依靠单位面积产量的增长。粮食单位面积产量很大程度上取决于粮食的品种，例如，稻谷的单位面积产量高于玉米，玉米单位面积产量高于小麦，小麦单位面积产量高于大豆，秋粮单位面积产量高于夏粮。2013—2022年海南省粮食及水稻的单位面积产量与全国的对比如表3-26所示，不论是粮食还是水稻，海南的单位面积产量均显著低于全国平均水平，故通过增加海南省粮食单位面积产量水平来提高粮食产量尚具有较大的发展空间。因此，针对海南省粮食产量的提高应重点放在如何提高单位面积产量上。

表 3-26 2013—2022 年海南省粮食及水稻单位面积产量与全国的对比

项目	单位面积产量（千克/亩）									
	2013 年	2014 年	2015 年	2016 年	2017 年	2018 年	2019 年	2020 年	2021 年	2022 年
海南粮食	307.46	321.61	332.67	333.53	325.94	342.81	354.46	358.19	358.65	357.92
海南水稻	322.84	333.95	343.78	343.86	333.08	354.06	367.15	369.89	373.93	372.88
全国粮食	362.67	363.07	370.20	369.27	373.80	374.73	381.33	382.27	387.00	386.80
全国水稻	447.82	454.22	459.42	457.72	461.13	468.45	470.61	469.61	474.23	471.96

对于高温高湿、台风多发的海南省而言，气候是制约其粮食增产潜力的关键因素。海南省常在 12 月至翌年 1 月出现低温连绵阴雨的天气过程，易造成早稻早播秧田烂秧死苗现象；水稻抽穗、灌浆期的持续高温，会导致颖花高度不育、降低水稻光合作用能力、抑制有机物质运转、加速细胞老化，导致水稻逼熟、根系早衰、半实粒和秕粒增加等现象；每年 4 月下旬至 5 月上中旬，海南省日照充足且强烈，地面增温极快，相对湿度较小，形成的干热气团会导致花药干萎不开裂，散粉小，花粉生活机能减退，影响正常开花受粉，造成空秕率增加、花粉发育不正常、结实率降低减产；海南省降水季节性不均衡，11 月至翌年 4 月是常年出现的旱季，如果水利工程蓄水不足，容易出现干旱，可能导致播种插秧无法按时进行；台风、暴雨给水稻造成的危害也很大，尤其是大水漫顶后抗逆能力下降，加重了病虫害发生，抽穗期遭遇台风暴雨，不能正常开花受粉，剑叶破裂，空粒、半空粒增加，千粒重减轻，在乳熟黄熟期受台风暴雨侵袭，易出现倒伏、稻秆腐烂、落谷和谷粒发芽等现象；海水倒灌对水稻的影响也较大，盐分过高导致农作物烂根而无法生长，如果没有充足淡水来洗田，可能导致耕地盐碱化加剧。

因此，要提高海南省单位面积粮食产量必须多渠道持续发力，规避自然灾害带来的风险。一是要提高粮食生产技术和管理水平，继续强化高标准农田建设，通过加大农田水利基础设施建设力度、推广节水灌溉技术（如滴灌、喷灌和调亏灌溉）等措施来提高粮食作物对水资源的利用效率，实现旱可灌、涝可排；二是培育并推广新的粮食作物品种（如耐热水稻品种、抗旱节水粮食作物品种和转基因农作物品种）来减少作物对水资源的需求，更好地适应海南省干旱季节的粮食生产，达到提高粮食单位面积产量的目的；三是加强雨水智能农业技术的应用，提高对降水的利用效率；四是根据各市（县）的特点，有针对性地对粮食作物的种植结构、种期进行调整，以充分发挥区域间和区域内的相对比较优势和绝对比较优势，进而最大限度地规避自然灾害风险，提高粮食作物单位面积产量；五是推广水肥一体化技术，提升水、农药、肥料等农业生产资料的利用效率也是提高粮食单位面积产量的不错选择。

从粮食的产量结构上看，海南省水稻一枝独秀，大豆、薯类、玉米以及其他杂粮的生产尚未发挥优势。大豆营养丰富，含有丰富的蛋白质、不饱和脂肪酸、钙、钾和维生素 E 等，历来是百姓餐桌上重要成员。就当今我国居民食物消费结构优化和营养健康需求来说，增加豆类消费，替代部分动物蛋白质供给，是解决城乡居民营养不良和营养过剩双重负担的好方法，也是践行大食物观、推动食物系统可持续发展的有效途径。海南省大豆单位面积产量在 150~200 千克/亩，略高于全国平均水平，未来仍然要围绕海南高温高湿的热带气候特征，持续开展低纬度育种，选育出适合南亚热带地区种植的大豆品种。推动大豆产业在海南由南繁加代转变为鲜食大豆的全年育种研发、由育制种向鲜食大豆产业链、由季节性农业产品向全年供给性产品拓展，探索将海南打造成为服务全国的鲜食大豆生产基地和制种基地。

海南种植番薯有 300 多年的历史，是我国南方薯区的重要组成。海南番薯生产变化较大，1961 年海南番薯种植面积达 20.3 万公顷，随后种植面积大幅缩减，而后逐年下降并于近年稳定在 4 万公顷左右。近年来，海南充分利用自然禀赋和市场优势条件，进行番薯反季节生产销售，既填补了全国鲜食番薯消费市场空白期，也形成了重要的鲜食番薯生产销售基地，其中"桥头地瓜"鲜食番薯品牌更是享誉全国。在番薯生产上，海南省目前面临的问题相对较多。一是番薯技术研发与推广人员严重不足，海南大学、海南省农业科学院粮食作物研究所、中国热带农业科学院热带作物品种资源研究所等农业科研院所尚未开展番薯优良品种选育工作，没有选育出适应海南气候特点的自主品种，导致海南番薯单位面积产量平均在 300 千克/亩左右，远远低于全国番薯单位面积产量平均值（2 000千克/亩）；二是鲜薯品种不能有效满足市场多样性需求，海南番薯种植尚未统一规划，未形成面向不同消费区域的品种种植结构，目前主栽品种仍以"高系 14"为主，海南本地的"三角宁""东方香薯"等地方优良品种资源没有得到充分利用，国内"徐薯系列""川薯系列""鲁薯系列"等优良品种在海南推广也不够；三是种薯种苗健康繁育体系有待健全，目前海南番薯种苗主要有 3 种来源：省内农业科研院所繁育的脱毒苗在田间扩繁的番薯种苗，从日本购买的常规健康种苗在田间扩繁的番薯种苗，割取正在结薯植株的地上部茎叶作为种苗。大部分种植户为节约成本仍使用大田蔓藤繁殖作为新苗栽插，这种以苗繁苗的多代种苗积累病毒量高，导致番薯病毒病蔓延和种性退化，加之种苗进入市场流通和大田种植时，质量监管存在严重缺陷，导致番薯单位面积产量偏低。

适宜海南种植的特色玉米、特色杂粮品种还有很多，例如，特色玉米品种有甜玉米，糯玉米、笋玉米等，特色杂粮品种有藜麦、花生、黑豆等。其中，红藜麦可以作为营养食品、保健食品、功能性食品的原料，提高产品的营养价值和健康属性，同时，红藜麦种植和加工产业链的延伸，可以带动相关产业的发展，促进区域经济的发展。

二、粮食消费量的影响因素

厘清区域粮食消费量的影响因素对于保障区域粮食安全至关重要。无论是用定额统计法还是用消费统计法来量化一个区域的粮食消费量，人口数量是一个至关重要的因素。当然，这也是毋庸置疑的，一个区域的粮食安全就是指该区域的任何人在任何时候能买得到又能买得起为维持生存和健康所必需的足够粮食。随着我国生育政策的放开、海南自由贸易港建设速度的加快，海南省的人口数量必将大幅增加，这种现象必将对海南省的粮食安全带来新的挑战。进一步剖析人口结构可知，城市和农村居民对于粮食具有不同的消费需求。就海南省而言，城市居民人均口粮消费量呈现减少趋势，农村居民人均口粮消费量却呈现增加趋势，主要是因为城市居民对肉、蛋、奶、水产品等的消费量高于农村居民，城市居民更倾向于消费动物性产品，而在提供同样热量的基础上，动物性产品则需要更多的粮食，因此预判未来海南省粮食自给率将进一步下降。

三、粮食安全的影响因素

（一）社会发展对粮食安全的影响

社会发展与粮食安全相辅相成，社会发展促进了粮食安全，粮食安全也推动了社会发展，影响社会发展状况的各种因素也在不同程度上影响着粮食安全。

1. 人　口

人既是粮食的生产者，也是粮食的消费者，粮食安全问题的实际就是粮食与人口之间的一对矛盾。人口数量及其增长对于粮食消费甚至粮食安全的影响更是不容轻视，人口问题已经成为影响和制约我国粮食安全和农业可持续发展的关键因素。海南虽然是全国人口较少的省份之一，但平均人口密度较大，每平方千米有250人以上。随着人口自然增长和迁移流动活跃，人们对粮食、能源、生产生活用水需求还会上升，对空气质量、食品安全、居住环境的要求还将不断提高，会加大海南区域性资源环境压力，尤其在人口高度聚集区，水资源、土地资源的硬约束更加凸显。在未来相当长时期内，人口对粮食安全的压力不会根本改变，人口与资源环境的紧张关系不会根本改变，必须高度重视海南粮食安全问题。随着生育政策的放开，"十四五""十五五"时期生育水平将有所提升，出生人口将有所增多，同时随着海南自由贸易港建设进程的加快，2025年常住人口有望达到1200万人左右，2030年达到1250万人左右。其中，15~59岁劳动年龄人口2025年将达到800万人，2030年将达到790万人，老龄化不断加深。随着海南省人口的增加，粮食生产中不可再生资源的人均拥有量将日趋下降，过多的人口会加速资源消耗，使环境承载力降低，而对粮食需求的总量却不会在短时间内回落，增加了海南省粮食安全的压力。

2. 农村劳动力结构

《2020年海南省人口普查年鉴》显示，海南省2020年农林牧渔业生产及辅助人员共计129 640人，其中，农业生产人员99 618人，林业生产人员12 847人，畜牧业生产人员5 578人，渔业生产人员9 457人，农林牧渔生产辅助人员1 512人，其他农林牧渔业生产加工人员628人，其中50岁以上劳动力占比达41.05%；在农村劳动力中，2020年农林牧渔业生产及辅助人员共计97 341人，其中农业生产人员77 264人，林业生产人员10 815人，畜牧业生产人员4 161人，渔业生产人员3 688人，农林牧渔生产辅助人员876人，其他农林牧渔业生产加工人员537人，其中50岁以上劳动力占比达41.35%。粮食的生产，离不开农村劳动力。农村劳动力从业结构的多样性不但能减轻因为过度开发所造成的资源破坏，防止过度开发某些粮食生产的资源要素，还能增加农民的收入。另外，多样化的农村劳动力从业结构，还为提高粮食生产的效益和效率以及实现粮食生产的规模化、专业化创造了条件。农村劳动力结构对粮食安全的主要影响在于：一方面，农村中的农业劳动力始终是粮食生产的最基本要素，尽管海南省粮食生产中使用农业机械已经比较普遍了，但粮食生产依然是劳动密集型产业，农业纯劳动力在农村中的数量是否充足，对于保障粮食安全和农业生产具有非常重要的作用。在海南自由贸易港建设中,农业受其他产业挤压,在土地、资本、劳动力等生产要素竞争上处于劣势,投入在农业生产上的单位土地、资本和劳动力的产出较其他产业将会低很多,导致农村农业劳动力不足,土地利用效率不高等问题,影响了粮食生产。另一方面,农村非农业劳动力从事第二、第三产业生产,增加了农民收入,改善了农民生活。通常来说随着生活水平的提高,会对食品消费结构产生一定的影响,主要是降低粮食消费在食品消费中的比例,从而减少粮食消费,对确保粮食安全产生一定的积极作用。针对海南省粮食安全问题,农村劳动力结构优化的目标在于确保满足农业生产要求的劳动力数量,并实现农村劳动力从业结构的多样化,以达到充分就业。

3. 城镇化水平

城镇化对粮食安全的影响是双向的,既有正面影响,也有负面影响。

正面影响主要表现在:一是城镇化水平的提高会增加粮食商品率,更多人将通过市场来购买粮食,这必将导致粮食价格的变化,而粮食价格的变化对粮食需求能起到较大的调节作用,这对粮食需求压力的缓解有一定的积极意义。二是城镇化水平的提高必将导致城市人口的增加,城市居民消费结构的变化将导致对食品需求结构发生变化,大量农村人口转为城市居民,鉴于城市多样化需求较农村广阔,稻谷、小麦等口粮虽然仍然占据粮食消费的主体地位,但是人均消费量逐步缩小。因对肉蛋奶及水产品的需求不断增长,玉米、大豆等饲料粮的需求增加,随着城镇化进程的加快,这种趋势还将继续。三是城镇化水平的提高使大量的农村劳动力流向非农产业,有利于土地的规模化经营,从而有利于粮食生产能力的提高,例如,2022 年海南省农村劳动力转移就业达 11.24 万人。

负面影响也不容忽视:一是城镇化水平的提高会使耕地面积不断减少,质量不断降低,特别是城市扩张和基础设施建设对耕地的占用。二是城镇化建设中,大量转移的农业劳动力必将会影响粮食生产中劳动力投入的数量和质量,特别是文化水平高、技能强的劳动力转移到其他行业,从而阻碍粮食生产能力的提高。

海南省常住人口城镇化率 2020 年为 60.27%,《海南省"十四五"新型城镇化规划》(琼发改规划〔2022〕453 号)明确提出 2025 年达到 65%,因此,迫切需要完善农村承包地所有权、承包权、经营权分置制度,进一步放活经营权,为粮食安全保驾护航。

4. 农村居民恩格尔系数

随着家庭和个人收入增加，收入中用于食品方面的支出比例将逐渐减小，这一定律被称为恩格尔定律，反映这一定律的系数被称为恩格尔系数。恩格尔系数可以用来衡量一个区域或一个家庭的富裕程度与生活水平高低，一个区域或家庭生活越贫困，恩格尔系数就越大，高收入弹性的食物需求比例会减少，而低收入弹性的食物需求比例会增加；反之，生活越富裕，恩格尔系数就越小，高收入弹性的食物需求比例会增加，而低收入弹性的食物需求比例会减少，而粮食就是属于低收入弹性的产品，这样恩格尔系数也就可以间接反映粮食消费在居民消费中的比例，恩格尔系数越大，粮食消费的比例可能会增加，恩格尔系数越小，粮食消费的比例可能会减少。此外收入水平的提高也带动居民更加注重粮食的质量和品种，稻谷、小麦等主要口粮消费向精细化、高端化发展，番薯、马铃薯、大麦等粗粮品种作为健康饮食，其消费量也将有所增加。

(二) 农业农村经济对粮食安全的影响

农业农村经济对粮食安全的影响也是双向的，农业农村经济的发展对粮食生产起促进作用，农业农村经济发展对粮食安全提出新的要求、新的标准，粮食安全也会对农业农村经济发展起推动作用。

1. 农民种粮收入

农民愿不愿意种粮、愿意种多少粮，关键是看种粮能给农民带来多少收益。粮食生产成本的刚性增长压缩了种粮农民的利润空间，粮食生产净利润连续多年在盈亏线上下徘徊，而海南省粮食生产近年来均是亏损，成本利润率均是负值。党的二十大报告提出要"健全种粮农民收益保障机制"。习近平总书记特别强调，稳定发展粮食生产，一定要让农民种粮有利可图、让主产区抓粮有积极性。2020年，全国三大粮食作物种植亩均收益614元，但对种粮农户来说，种粮收入远远低于非农产业收入，种粮收益明显低于种植经济作物，如将家庭用工折价和土地租金计算在内，三大粮食作物种植亩均净利润已转为负，2013—2022年全国粮食成本收益变化情况如表3-27所示。保障粮食安全的首要任务是保护好农民种粮的积极性，要让农民种粮有利可图，要让种粮农民多挣钱、有效益，要多措并举采取有效对策措施，千方百计增加种粮农民的收入。

表 3-27 2013—2022 年我国粮食成本收益变化情况　　　　（单位：元）

年份	50 千克平均出售价格				每亩总成本				每亩净利润			
	粮食平均	稻谷	小麦	玉米	粮食平均	稻谷	小麦	玉米	粮食平均	稻谷	小麦	玉米
2013	121.1	136.5	117.8	108.8	1 026.2	1 151.1	915.7	1 012.0	72.9	154.8	-12.8	77.5
2014	124.4	140.6	120.6	111.9	1 068.6	1 176.6	965.1	1 063.9	124.8	204.8	87.8	81.8
2015	116.3	138.0	116.4	94.2	1 090.0	1 202.1	984.3	1 083.7	19.6	175.4	17.4	-134.2
2016	108.4	136.8	111.6	77.0	1 093.6	1 201.8	1 012.5	1 065.6	-80.3	142.0	-82.2	-299.7
2017	111.6	137.9	111.6	82.2	1 081.6	1 210.2	1 007.6	1 026.5	-12.5	132.6	6.1	-175.8
2018	109.7	129.4	112.2	87.8	1 093.8	1 223.6	1 012.9	1 044.8	-85.6	65.9	-159.4	-163.3
2019	109.4	127.2	112.3	89.6	1 108.9	1 241.8	1 028.9	1 055.7	-30.5	20.4	15.1	-126.8
2020	122.5	137.5	114.2	115.6	1 119.6	1 253.5	1 026.5	1 080.0	47.1	49.0	-16.6	107.8
2021	128.5	135.6	123.1	126.6	1 157.2	1 281.2	1 040.9	1 148.8	116.8	60.0	129.1	162.1
2022	141.5	139.4	150.4	134.8	1 252.7	1 361.9	1 140.8	1 256.8	189.3	-22.7	425.9	163.3

2. 粮食全要素生产率

粮食全要素生产率是对粮食生产系统总体效率的度量，即粮食总产出与总投入之比。这里的"全"不是指全部生产要素，而是指除有形生产要素（如资本、土地、劳动力等）投入外，能够影响粮食产出增长的所有因素，包括品种改良、新技术推广、资源配置优化、产业结构调整、经营体制创新和调控政策改进等。全要素生产率可直观理解为科学技术，全要素生产率提高是科技进步的有效衡量指标。粮食全要素生产率水平越高，表明粮食生产对化肥、农药、劳动力等资源要素的依赖性越小，粮食生产的科技含量越高、可持续性越强。当前粮食全要素生产率提升正面临要素质量恶化、配置结构扭曲、产业政策失灵和低端技术锁定等因素限制，迫切需要加快要素质量升级、优化要素配置结构、完善产业政策设计、强化科技创新引领。

3. 财政支农力度

美国在粮食领域领先，截至 2022 年年底，美国农业用地面积约为 8.934 亿英亩①，有超过 200 万个农场在运营，农场平均面积为 446 英亩。应该说，全世界的发达国家都在补贴农业，但补贴最多的就是美国，2022 年，美国农业补贴占美国农民收入的 46%，这也就意味着，美国农民的土地里产出多少钱，美国财政部基本上就按 1∶1 进行配套补贴。

国家统计局发布 2023 年粮食产量数据，其中海南省粮食播种面积 27.36 万公顷，粮食单位面积产量 5 373.8 千克/公顷，粮食总产量 147.0 万吨，较 2022 年面积、单产、总产实现"三增长"。这"三增长"的背后是一系列真金白银惠农政策的综合发力，各级政府层层压实，克服了影响种粮的各种不利因素，让农民种粮更有底气、更加安心，粮食产量才能连创新高，其中财政支农政策功不可没。

4. 粮食价格

粮食价格变动是反映当期粮食安全状况的重要指标，一段时期内粮食安全的变化走势反映了粮食价格等因素相互作用的结果。粮食价格波动为粮食安全的基础内容，粮食作为生产周期较长的一种农产品，生产规模确定以后的中途难以变更，粮食的供给与价格的相互作用就可能表现为典型的蛛网形态：粮食的产量和价格将不断地围绕均衡产量、均衡价格波动，随着时间的推移波动的幅度会越来越大，越来越远地偏离均衡点，市场均衡不可能再恢复。这对粮食的生产、消费和农民的收入都将产生不利影响，因此国家必须通过宏观调控，采取一系列价格和政策措施，稳定粮食价格，从而稳定粮食生产，确保粮食安全。

(三) 科技支撑对粮食安全的影响

科学技术是第一生产力，是提高粮食单位面积产量的必由之路。保障粮食安全，利器在科技，关键靠改革。我国先后实施的"粮食丰产科技工程""粮食绿色增产模式攻关""新一轮千亿斤粮食产能提升行动"等，科技发挥了重要的支撑作用。

1. 农业设施装备水平

2018 年 9 月 25 日，习近平总书记来到北大荒建三江国家农业科技园区，听取园区开展精准农业技术研究和成果转化情况，向科研人员了解水稻繁育、土壤测试分析、栽培情况。习近平总书记指出，中国现代化离不开农业现代化，农业现代化

---

① 1 英亩≈4 047 米²，全书同。

的关键在科技、在人才。要把发展农业科技放在更加突出的位置，大力推进农业机械化、智能化，给农业现代化插上科技的翅膀。近年来，海南省农业农村厅通过积极推广插秧机插秧、无人机直播、水稻直播机旱直播 3 种水稻种植机械化技术，扶持具有育插秧能力的农机专业合作社，举办水稻育插秧机械化技术培训班、现场会等多种举措，不断提升海南省水稻生产机械化水平，推动粮食生产高质量发展，助力粮食安全。

2. 粮食产业科技进步贡献率

习近平总书记指出"解决吃饭问题，根本出路在科技"。据经济合作与发展组织—联合国粮食及农业组织联合预测，全球粮食增产的 80% 来自单位面积产量增长贡献，而单位面积产量增长主要依靠科技进步。在科技进步贡献显著的情况下，即使粮食的价格没有提高，也会促进粮食的增产。与国际先进水平相比，我国的粮食产业科技进步水平仍有较大差距，对粮食综合生产能力的支撑作用并未得到充分发挥。赖晓璐（2020）采用生产函数模型，测算出辽宁省 2011—2017 年水稻产业科技进步贡献率达到 88.15%，结果表明科技进步对水稻产出年均正向贡献率最大。2022 年海南省农业科技进步贡献率达到 62%，值得引起重视的是，科技进步对粮食产出的拉动作用潜力仍然很大，还具有可挖掘的发挥空间。特别是在目前资本投入、劳动力、播种面积等因素带来的劳动生产边际效用不大的情况下，如何充分发挥技术进步的作用显得尤为重要。应充分挖掘适应环境和气候的优异品种，进行大面积技术推广应用，充分发挥各类科研院所和农业院校的桥梁作用，更多地将科研和推广应用融合起来。根据不同气候和土壤特点，因地制宜研究粮食丰产栽培技术，并配套推广技术，进而不断提升海南省粮食产出水平。

3. 农业技术人员数量

用农业科技力量守护粮食安全，农业技术人员责无旁贷。目前我国基本构建起梯次合理的农业科技人才队伍，即农业战略科学家、农业科技领军人才、青年农业科技人才、农业领域卓越工程师。从"卡脖子"技术攻关到先进科技转化落地，在农业农村发展的不同领域、不同环节发挥作用，相互补充，连线结网，构成了一张覆盖农业农村的科技人才大网。经过"十三五"育种科技攻关，良种对我国粮食增产的贡献率在口粮上已达 54.85%。连年的粮食丰收，是对农业技术推广队伍"播种"科技的最好检阅。近年来，海南省已建成比较完整的省、市（县）、乡（镇）三级农技推广体系。据统计，截至 2023 年 3 月，三级农业技术推广机构 287

个,其中,省级6个、市(县)级83个、乡(镇)级198个;全省三级基层农业技术推广机构批准编制数为4 519人,在编人员4 006人(其中在编在岗农业技术人员2 427人)。通过开展农业技术人员分级分类培训,实施学历提升计划,持续推动改善技术装备和推广手段,海南省农业技术推广队伍建设持续加强,服务活力不断增强。

4. 农业科技创新能力

海南农业科技创新能力大幅提升。聚焦种业和热带特色高效农业,在省科技计划专项中,海南省重大科技计划设立了热带特色高效农业领域,同时,省重点研发项目设立了农业领域,先后实施了一批重点攻关科技项目,一批科研成果获得省科学技术奖,为产业持续发展提供了强力支撑。同时,农业科技创新平台不断夯实。国家耐盐碱水稻技术创新中心在三亚挂牌运行,成为我国19个国家技术创新中心之一,也是农业领域唯一的国家技术创新中心,为拓展"藏粮于技"储备开辟新路径。农业科技创新资源加速汇聚。农业科技服务体系进一步完善。推行科技特派员制度,搭建起良好的科技服务、示范和科学普及平台,打通了农业科技成果转化"最后一公里"。全省登记科技特派员2 235名,保障了11个中西部市(县)和曾经的建档立卡贫困村至少有1名以上省级农业科技专家结对服务。全省建设农业科技110服务站(科技特派员服务站)251个,为农民提供综合性农业科技社会化服务。

(四) 资源要素对粮食安全的影响

前文已经分析了粮食产量是由播种面积和单位面积产量决定,播种面积与耕地资源的数量、质量息息相关,而粮食生产又离不开水,因此从资源要素上来看,必须防止耕地非粮化、确保水资源合理利用。

1. 播种面积

2022年海南省耕地面积443 644公顷,全国排名第二十七位,其中水田193 905公顷,占比为43.71%;粮食作物播种面积273 014公顷,占农作物播种面积的39.7%。"耕地保护要求要非常明确,18亿亩耕地必须实至名归,农田就是农田,而且必须是良田。"2021年12月习近平总书记在主持召开中央政治局常委会会议专题研究"三农"工作会议时的要求,简明又铿锵,深刻指明了耕地保护不容有失。为了提高海南省的粮食生产能力、增加粮食产量,必须努力保持和提高粮食播种面积。因为播种面积的减少必然会导致粮食增产难度的加大,甚至会出现粮食减产的情况，例如，2012—2017年海南省连续6年粮食播种面积下降，直接导致连续6年的粮食减产。

2. 水资源

农业生产离不开水资源，充足的水资源是粮食安全的重要保障。2022年，海南省总用水量45.58亿米^3，其中农业用水量33.94亿米^3，占全省用水量的74.46%，显著高于全国平均水平，耕地实际灌溉亩均用水量745米^3，农田灌溉水有效利用系数0.576，农村居民人均生活用水量160升/天，表3-28列举了海南省2013—2022年耕地实际灌溉亩均用水量数据。与2021年比较，2022年农田灌溉水有效利用系数、农村居民人均生活用水量有所上升，耕地实际灌溉亩均用水量有所下降。随着海南自由贸易港建设速度加快，人口数量的不断增加，再加上工业用水、生态用水的挤占，水资源对海南省粮食生产的瓶颈和约束作用将越发明显和突出。因此，结合区域水资源优势，合理布局相应的粮食作物，对于提高水资源利用率和生产率，确保粮食安全和生态安全，都是非常重要的。

表3-28　海南省2013—2022年耕地实际灌溉亩均用水量　　（单位：米^3）

年份	灌溉亩均用水量	年份	灌溉亩均用水量
2013	937	2018	972
2014	921	2019	903
2015	994	2020	734
2016	990	2021	881
2017	1000	2022	745

3. 耕地复种指数

耕地复种指数也叫种植指数，是耕地上全年农作物的总播种面积与耕地面积之比，是衡量农业气候条件和耕地利用程度的一个综合性指标，反映了农业生产中对耕地和光、水、热资源的综合利用状况，用百分数表示。海南省是全国唯一全域热带省份，热带农业资源非常宝贵，耕地复种指数相对较高，表3-29列举了海南省2013—2022年耕地复种指数。耕地复种指数的增加会促进粮食总产量的提升，有利于粮食安全。但过高的耕地复种指数不利于耕地的恢复，容易因肥料使用不合理导致土壤退化和板结，对于土壤肥力的提高也会产生不利影响。所以需要从可持续发展的视角合理安排农作物种植结构，在保护耕地资源的前提下，最大限度地提高耕地复种指数，这是在耕地面积不断下降和农业科技提高单位面积产量空间有限基础上的最有效手段。

表3-29　海南省2013—2022年耕地复种指数　　　（单位：%）

年份	复种指数	年份	复种指数
2013	184.7	2018	162.4
2014	183.4	2019	158.7
2015	179.1	2020	158.6
2016	171.3	2021	156.0
2017	161.5	2022	154.9

4. 有效灌溉面积

粮食生产对水资源的要求比较高，大都要求旱时能够灌溉、涝时能够排泄。有效灌溉面积是指灌溉工程设施完善，有稳定水源，土地较为平整，一般年份下可以进行正常灌溉的耕地面积。有效灌溉面积是评判区域粮食生产安全和农田水利建设的重要指标，也是反映不同地区农业生产抗旱能力的重要指标，特别是对于气候干旱地区，其对当地粮食产量的稳定影响更大。提高耕地有效灌溉面积是我国高标准农田建设的重要环节。《海南省人民政府办公厅关于切实加强高标准农田建设提升粮食安全保障能力的实施意见》（琼府办函〔2020〕376号）明确提出：在"十四五"期间，建设100万亩高标准农田；到2035年，通过持续改造提升，全省农田基础建设水平实现全面提升。通过强有力的政策支撑，坚持"周调度、月通报、季督导"的工作机制，海南省农田水利有效灌溉面积呈现稳定增加趋势。但是，海南省高标准农田种植要求与优势产业发展还存在不适应之处，由于原产业政策引导的历史原因，以及发展热带特色高效农业的现实需求，导致部分高标准农田未作为粮食生产用地；同时管护资金投入不足，全省仅三亚市实现了高标准农田管护常态化、全覆盖，且主要由市级财政投入，亩均管护资金80元，省级管护资金不足，绝大部分市（县）财力难以全部承担管护支出。

（五）环境状况对粮食安全的影响

环境变化对人类活动的各个方面产生显著影响，尤其对农业生产影响非常大。

我国农业人口多，资源压力大，地域类型复杂、各地环境差异明显等特点，使我国农业成为对环境变化影响最敏感的领域之一。环境变化主要通过温度、降水、二氧化碳浓度、极端事件等气候因素，以及森林覆盖率、化肥施用、水土流失等因素直接或间接影响粮食生产，在不同的区域和不同的季节对粮食生产有不同的影响。

1. 自然灾害

粮食生产摆脱不了自然环境，属于露天作业，容易受到温度、降水等气候因素的影响。粮食生产的自然灾害主要包括旱灾、洪涝灾、冰雹灾、冷冻灾、风灾等，其中旱灾、风灾、洪涝灾是影响海南粮食生产的主要灾害。例如，2022年4月1—6日，海南省3个市（县）出现了连续6天的中度清明风天气过程，11个市（县）出现了3~5天的轻度清明风天气过程；4月7—10日，5个市（县）出现了3~4天的轻度清明风天气过程。大范围清明风天气的发生，对早稻抽穗开花、拔节孕穗、返青分蘖不利。2022年5月13日14时15分左右，文昌市锦山镇湖山村村委会湖塘村出现EF0级龙卷风，其直径50米左右，自西南向东北方向移动，持续15分钟左右，移动路径长度约300米，造成直接经济损失5.9万元，图3-17即为当时受龙卷风影响而倒伏的水稻。

图3-17 受龙卷风影响而倒伏的水稻

2. 森林覆盖率

森林覆盖率是指森林面积占土地总面积的比率，是反映一个国家或地区森林资源丰富程度或森林面积占有情况及实现绿化程度的指标，也是用来衡量农业环境容量与自净能力的综合指标，一般使用百分比表示。森林的破坏会给粮食生产造成许多不利影响，美国马里兰大学的研究人员通过分析反照率和土壤水分蒸发损失总量，进行森林采伐与粮食产量之间关系的研究。森林的表面比农业用地要暗，因而反照率更低。这就意味着森林会吸收更多的太阳辐射，而这种情况就会导致温度升高。与此同时，森林吸收更多的雨水，并使之蒸发成为水蒸气，在此过程中温度则会下降。农业活动被广泛地认为是砍伐森林的主要原因。由森林向农业用地的转变，会导致局地气温高达数度的浮动，而这种气温的浮动会影响农业的收成，从而导致农业减产和农民减收。根据联合国粮食及农业组织的数据，全球森林在过去的十年当中已经消失了约1.3亿公顷，而随着越来越多森林的消失，粮食减产也会日益引发人们的重视。因此践行大食物观，向森林要粮食，培育核桃、面包果、菠萝蜜等木本粮食作物，既可保障森林覆盖率，也可提高粮食安全水平。

3. 化肥施用量

1957年，我国粮食产量19 505万吨，每万吨粮食施用化肥19.12吨；1997年，我国粮食产量49 417.1万吨，每万吨粮食施用化肥805.53吨；2015年，我国粮食产量66 060.27万吨，每万吨粮食施用化肥912吨；随后化肥施用量开始下降，2022年我国粮食产量68 652.77万吨，每万吨粮食施用化肥740吨，较1957年相比，化肥施用量增加了38倍，而粮食产量只增加了3.5倍多，也就是说，投入与产出并不平衡。更为重要的是，粮食作物利用化肥的效率并不是很高，还不足40%。绝大部分的化肥到哪儿去了呢？进入了土壤，流入了江河湖海，使土壤板结、酸化，使水体富营养化，带来了一系列的环境问题。2022年海南省化肥施用量100.48万吨，利用率仅41.1%，与发达国家、国内农业发达省份50%~60%的利用效率相比差距很大，须大力推广测土配方施肥技术行动、有机养分替代减少化肥投入行动、水肥一体化技术行动、耕地质量提升行动。

4. 水土流失治理面积

水土流失一直是影响粮食安全的一个重要问题，土壤中大量的营养成分因此而流失掉。2022年，海南省水土流失面积1 648.3千米^2，与2021年相比，水土流失总面积减少26.7千米^2；水土流失治理面积131.3千米^2，其中，水利部门治理面积74.0千米^2，林业部门治理面积46.1千米^2，自然资源与规划部门实施的造林绿化治理水土流失面积11.2千米^2。海南省水土流失治理始于1957年，至2022年共投资6亿余元累计治理水土流失面积1 500多千米^2。海南省以小流域为单元进行水土流失综合治理，并结合当地实际开展生态清洁小流域建设，各项治理措施充分发挥了保水、保土、拦沙蓄水的作用,取得了较好的生态效益、经济效益和社会效益。治理区生产生活条件显著改善,林草植被覆盖度逐步增加,水源涵养能力日益增强,生态环境明显趋好,粮食生产得到保障。

(六) 主要结论

科技支撑、资源要素、环境状况、农业农村经济是促进和保障粮食安全的关键因素。首先,科技支撑在保障粮食安全中的作用最大,习近平总书记多次强调"藏粮于地、藏粮于技",再一次诠释了科学技术在粮食安全中的重要作用。在当前资源环境约束的条件下,发挥科技支撑的促进作用,是保障未来粮食安全的必然选择。其次,资源要素是从事粮食生产、保障粮食安全的重要物质载体,其作用仅次于科技支撑,习近平总书记多次强调要采取"长牙齿"的硬措施,全面压实各级地方党委和政府耕地保护责任,因此,遏制资源的减少和不合理利用,提高土地、水等自然资源的利用效率,是保障粮食安全的物质基础。再次,环境状况的改善能为粮食生产创造有利的外部条件,也是从可持续发展视角考察粮食安全的重要因素,因此,坚持保护性耕作,合理控制化肥和农药的使用量,是形成良好生态环境的必要条件。最后,农业农村经济虽然是直接影响粮食安全的因素之一,但却不能脱离于科技、资源和环境独立发挥作用,一般是通过稳定粮食价格、合理的政策补贴、多渠道增加农民收入等措施,来保障粮食安全。

社会发展对粮食安全具有直接的负向影响,但影响程度较小。特别是人口数量的增加、城镇化水平的提高等因素都会影响和制约未来粮食的生产和消费,进而影响粮食安全。这就需要在推动社会发展的同时,妥善处理好农业劳动力、粮食播种面积等因素之间的关系,要贯彻"农田就是农田,而且必须是良田。"的理念,在提高城镇化水平和保证粮食生产之间找到合理的契合点。

四、粮食消费安全分析

(一) 粮食消费面临的新形势

1. 经济发展已经进入恢复阶段,居民收入稳定增长

经国家统计局统一核算,2023年海南省地区生产总值7 551.18亿元,按不变价格计算,比2022年增长9.2%。其中,第一产业增加值1 507.40亿元,增长4.6%;

第二产业增加值1 448.45亿元,增长10.6%;第三产业增加值4 595.33亿元,增长10.3%。三次产业结构调整为20.0∶19.2∶60.8(第一产业∶第二产业∶第三产业),全年人均地区生产总值72 958元,同比增长8.0%。扩内需、促消费、抓项目等各项重点工作深入推进,内需潜力持续释放,2023年固定资产投资、社会消费品零售总额、货物进出口总额分别较2022年增长1.1%、10.7%、15.3%。

2023年海南省常住居民人均可支配收入33 192元,比2022年增长7.2%,其中城镇常住居民人均可支配收入42 661元,增长6.3%,城镇居民家庭恩格尔系数37.2%;农村常住居民人均可支配收入20 708元,增长8.3%,农村居民家庭恩格尔系数43.7%。全年全省城镇居民人均消费支出28 930元,比2022年增长9.5%;农村居民人均消费支出16 924元,比2022年增长11.7%。2023年海南省居民消费价格比2022年上涨0.3%,分类别来看,食品烟酒、生活用品及服务、教育文化娱乐、其他用品及服务价格分别上涨1.3%、0.2%、1.8%、2.0%,衣着、居住、交通和通信、医疗保健价格分别下降0.2%、0.6%、1.5%、0.2%。

2. 自由贸易港建设速度加快,城镇化率稳步推进

自2018年4月13日习近平总书记在庆祝海南建省办经济特区30周年大会上宣布:党中央决定支持海南全岛建设自由贸易试验区,支持海南逐步探索、稳步推进中国特色自由贸易港建设,分步骤、分阶段建立自由贸易港政策和制度体系。2018—2023年的5年时间里,海南持续改善营商环境,经营主体增长迅猛,实有经营主体突破200万户;离岛免税销售额5年超1 300亿元,离岛免税店增至12家;多举措聚四方之才,人才集聚效应加快形成,引进人才51万人。

海南省城镇化率稳步推进,2022年城镇化水平全国排名第二十位,2013—2022年海南省城镇化率年均增长1.72%,同期全国平均水平为2.02%,低于全国平均水平0.3个百分点。

3. 大食物观消费理念深入人心,绿色安全营养意识普遍提高

随着生活水平提高和消费结构升级,我国城乡居民食物消费逐步多样化,主食在膳食营养中的地位不断下降,蔬菜、水果及动物产品消费量明显增加。海南四面环海,海产品资源丰富;热带气候,热带水果品种丰富,结构多元,全年四季均有鲜果上市。贯彻大食物观,就是广开视野,全方位、多途径拓展食物来源,开创新产业,包括向森林、草地、山地、江河湖海、设施农业索要特色食物;综合开发利用资源,因地制宜,宜农则农、宜粮则粮、宜林则林、宜牧则牧、宜渔则渔,增产

多样化、优质化产品；发展生物科技，向植物、动物、微生物索取优质食物。

随着居民消费结构的升级，居民食物消费出现新特征，主要表现为膳食模式科学化、营养平衡化，追求消费绿色化、食物生态安全化，食物消费品种多元化、质量标准化，食物消费结构合理化、消费行为文明化等，绿色安全营养意识普遍提高。

4. 国际环境风云变幻，多元化市场有序拓展

当今我国面临着前所未有的国际新形势、新环境：一是世界百年未有之大变局；二是旷日持久的俄乌冲突。所谓的大变局，是世界之变、时代之变、历史之变，是百年来一系列历史变局的演进、叠加和积累，昭示着未来的新归宿。所谓大冲突，是当前仍处在激战中的俄乌军事冲突，其已成为改变世界经济格局的重大事件，严重影响粮食、化肥等产品的产业链、供应链和价值链，导致国际贸易严重萎缩，动摇了全球价值链的基础。

外贸企业转型升级发展，特别是新兴市场不断出现，自贸区建设加快，合作机制进一步完善，各类平台加快搭建，贸易渠道进一步畅通，贸易质量和效果初步显现，截至2023年11月，全国已经布局22个自贸区。营商环境持续向优，市场化、法治化、国际化的特征基本具备，公共服务高质量发展，粮食消费安全保障有序推进。

(二) 粮食消费面临的问题和挑战

1. 靠增加土地来保障和扩大粮食消费空间有限

据海南省第三次国土调查数据，海南省现有耕地730.37万亩，其中，水田464.18万亩，占比63.55%，水浇地5.79万亩，占比0.79%，旱地260.40万亩，占比35.65%；园地1 761.22万亩，其中，果园237.88万亩，茶园2.97万亩，橡胶园1 085.97万亩，其他园地499.73万亩。"两区"划定水稻生产功能区150万亩、天然橡胶生产保护区840万亩。2022年，海南省实际水稻播种面积343.04万亩，蔬菜播种面积401.71万亩。当前适宜耕地已基本全部用于生产粮食和蔬菜，剩下的耕地用于发展热带特色高效农业和休闲农业等已捉襟见肘，今后通过增加粮食作物面积来增加粮食产量的空间已十分有限。

2. 靠粮食增产来实现粮农增收难度加大

海南省农村居民可支配收入全国排名第十七位，经营净收入占比达40.4%，经营净收入增速放缓。海南省水稻种植效益已经连续多年负利润，如何提高粮农收入

第三章　海南省粮食供需分析及预测

是亟须解决的现实难题。在粮食价格没有较大提升的情况下，海南农民种植水稻的意愿进一步降低，想要通过增加粮食产量来让农民增收的难度进一步增加，直接的后果是海南水稻规模化种植水平难以提升、普通农户除保障粮食自己够吃之外，不再愿意扩种粮食。

3. 靠外地调粮来保障本地粮食消费风险增加

海南省外调粮食比例已经达到68%左右，外调并非意味着不安全，前提是要有稳健的粮食供应链、高效的流通渠道和科学的仓储设施作支撑。受自然灾害频发、国际市场突发事件等影响，海南省粮食市场不稳定性逐步增加，外调粮食风险逐步加大。随着生活水平的提高，人们对优质安全的食物的需求也逐步升级，更加注重粮食等农产品的产地、品种、品质、品牌、品位、品相等，同时绿色低碳发展要求、各种极端自然灾害和突发事件等对全省粮食安全高效仓储和应急管理能力提出更高要求。

4. 靠质量结构来满足美好生活急需破题

大食物观是"向耕地草原森林海洋、向植物动物微生物要热量、要蛋白，全方位多途径开发食物资源"的一种观念，大食物观的基础是粮食。2023年中央一号文件提出："树立大食物观，加快构建粮经饲统筹、农林牧渔结合、植物动物微生物并举的多元化食物供给体系。"粮食安全不再是过去的"吃饱"，而是要"吃好""吃得有营养"，大食物观是更高层次、更高水平、更可持续的粮食安全目标，核心是消费主体食物选择的自由权利。广大市民食物消费结构的转变明显快于农业产业结构的转变，海南省农业产业布局和产品供应与粮食消费需求之间的匹配度和协同性亟须加强。

第五节　海南省粮食安全形势判断

一、海南省粮食供需预测

（一）食物消费结构变化趋势的预测

随着海南省经济社会的发展，城乡居民收入自2000年以来显著提高，海南食物消费水平及食物消费结构转变较大，海南省居民，尤其是城镇居民对谷物等食品的需求不断降低,对肉类、蛋类、水产类、水果类等食物的需求大幅增长,奶类消费相比其他省份而言虽然较少,但一直呈现增加态势,食物消费结构不断升级。另外,海南自由贸易港的建设,给海南省的发展注入了新的活力,未来对于食物消费必然有更高的要求和追求。

1. 消费结构持续升级

一是海南居民在食品烟酒方面的支出总体呈现下降趋势。在食品烟酒类消费中,消费升级的表现也十分明显,主要表现在饮食服务支出方面。海南居民2014年饮食服务(在外饮食)人均604元,2020年达到1 118元,2022年达到1 572元,年均增幅达12.70%,快于食品烟酒消费支出年均增长率6.74%,其中,饮食服务支出最高的2021年达到1 645元,比2014年增长了172.35%,2021年饮食服务支出占食品烟酒类支出的比重高达20.04%。农村居民饮食服务支出增速更快,2016—2022年的年均增速达12.37%,城镇居民2016—2022年的年均增速仅为5.34%,"下馆子"在居民生活中成为一种日常。

2. 对合理均衡膳食的倡导更强

《中国居民膳食指南(2022)》指出,按照中等能量水平的平均食物需要量计算理想膳食模式,每人每天需要谷类200~300克(其中全谷物和杂豆50~150克)、薯类50~100克、蔬菜类300~500克、水果类200~350克、动物性食物120~200克(每周至少2次水产品、每天一个鸡蛋)、奶及奶制品300~500克、大豆及坚果类25~35克。从《海南统计年鉴(2023)》统计的海南省居民主要食品年人均消费量来看,海南省居民肉类消费量是理想膳食模式的两倍,水产品消费量与理想膳食模式相当,鲜菜消费量仅仅占理想膳食模式的一半,其余都与理想膳食模式存在着较大差距,尤其是瓜果、蛋类、奶类食物差距很大。随着生活的改善,未来人们将更加注重饮食养生方面的问题,如何合理平衡膳食,将会是未来食物消费的趋势,政府对这方面的引导将会加强。

(二)对食物质量安全的要求更高

1. 质量安全意识进一步巩固

海南省自出台《海南省农产品质量安全条例》《海南省无规定动物疫病区管理条例(修订)》《海南省农业农村厅关于进一步做好农产品质量风险防控工作的通知》等以来,将农产品质量安全的监管逐步纳入规范化、法制化的轨道,并将质量检测提前到生产环节，对海南省农产品严格市场准入和准出。一系列的措施显示海南省对农产品质量安全的要求明显提高，这也充分说明了海南省居民已经认识到食物安全的重要性，愿意花更多的钱购买有机、绿色、无公害食物。而在未来，居民对农产品质量安全的要求会更高，海南省对农产品质量安全的监管必将更严格。

2. 质量安全保障机制将会更加完善

习近平总书记在庆祝海南建省办经济特区 30 周年大会上的讲话中提出将海南建设成为"国家热带现代农业基地"，2020 年 6 月 1 日，中共中央、国务院印发了《海南自由贸易港建设总体方案》提出发挥国家南繁科研育种基地优势，建设全球热带农业中心和全球动植物种质资源引进中转基地。充分发挥海南省热带农业资源优势，大力发展热带特色高效农业，使海南成为全国冬季菜篮子基地、热带水果基地、南繁育种基地及"无疫区"下的畜牧业基地。另外，2015 年，国家发展改革委、外交部、商务部[①]联合发布的《推动共建丝绸之路经济带和 21 世纪海上丝绸之路的愿景与行动》，明确了海南参与"一带一路"建设的路径方向为"加大海南国际旅游岛开发开放力度"，让海南成为中国农业对接世界广袤热带国家的窗口与合作基地，助推海南农产品、农业科技、农业企业、农业装备"走出去"。为此，海南省必将加大力度，更加完善海南省农产品质量安全保障机制，巩固海南热带农业发展在国家和国际中的战略性地位。

3. 农产品品牌建设水平将会更加提升

2023 年 1 月 11 日，《海南省人民政府办公厅关于海南省农业品牌建设的指导意见》印发，明确提出：计划利用 3 年时间，构建"省级带动、市县联动、企业互动"的农业品牌发展模式，以粮食、蔬菜、水果、畜牧、水产、茶叶等特色农产品为重点，培塑一批品质过硬、特色突出、竞争力强、知名度广的农产品区域公用品牌、企业品牌和产品品牌，创建一批省级农业品牌示范基地。

2023 年被定位为"基础建设年"。加强农业品牌建设规划，建立各级农业品牌建设领导机构，完善农业品牌运营管理机制和体系，推进农业品牌数字化管理，加大农业品牌宣传力度，加快五指山大叶茶和文昌鸡区域公用品牌培育。推进省级十大农产品区域公用品牌应用。引导培育市（县）级优质农产品区域公用品牌累计 30 个以上，培育著名企业品牌累计 30 个以上，新建省级农业品牌示范基地 10 个。

---

① 中华人民共和国外交部，简称外交部；中华人民共和国商务部，简称商务部。

2024年被定位为"品牌提升年"。在2023年工作基础上，打造省级农产品区域公用品牌累计13个以上，市（县）级优质农产品区域公用品牌累计40个以上，著名企业品牌累计50个以上，省级农业品牌示范基地累计20个。

2025年被定位为"效益呈现年"。在2024年工作基础上，打造省级农产品区域公用品牌累计15个以上，市（县）级优质农产品区域公用品牌累计50个以上，著名企业品牌累计70个以上，省级农业品牌示范基地累计30个以上。

（三）海南省粮食供给形势判断

1. 粮食产量稳步增长，年际间增长幅度不大

近年来，海南省落实最严格的耕地保护制度，坚决遏制耕地"非农化"、防止"非粮化"。与此同时，面对亟须破解的土地碎片化、荒地无人耕种等难题，大力推行撂荒地复耕复种工作，鼓励支持各类农业经营主体积极开发利用撂荒耕地，越来越多的"沉睡田"被唤醒，截至2022年年底，全省已建成高标准农田477.5万亩，占730.37万亩耕地的65.38%，全省项目区道路通达率100%，灌溉保证率达90%以上，排涝能力大幅提升，有力支撑粮食生产安全和重要农产品稳产稳供，2018年以来粮食产量基本稳定在145万吨左右，上下波动幅度不大。《海南省高标准农田建设规划（2021—2025年）》提出："十四五"期间建成集中连片、旱涝保收、节水高效、稳产高产、生态友好的高标准农田151万亩，其中，新增建设100万亩，改造提升51万亩，高效节水灌溉与高标准农田建设统筹规划、同步实施，完成3万亩新增高效节水灌溉建设任务，至2025年全省累计建成高标准农田516.50万亩，累计改造提升51万亩。未来，随着高标准农田建设面积的增加、投入标准的提高以及"海南好米"等优质水稻品种推广力度的加大，海南省粮食产量必将沿袭增长趋势，但是年际间增长的幅度不会太大，2025年粮食产量有望达到150万吨，2030年粮食产量有望达到180万吨。

2. 产业赋能，充分拓展食物来源

随着生活水平提高，消费也正由"吃得饱"向"吃得好""吃得健康"加快转变。顺应人民群众食物结构变化趋势，正是树立大食物观的出发点和落脚点，在确保粮食供给的同时，海南省也积极提升肉类、蔬菜、水果、水产品等各类食物有效供给。辽阔的海洋就是"蓝色粮仓"，海南打好政策"组合拳"，加快推动渔业高质量发展。往岸上走，现代渔业产业园加快发展；往深海走，深远海养殖势头强劲。作为我国热带水果和冬季瓜菜的优势产区,近年来海南热带水果、蔬菜面积和产量总体呈平稳上升趋势,通过热带优异果蔬资源开发利用,不断丰富全国人民"果盘子""菜篮子"。此外,海南还有很多优异地方畜禽资源,如文昌鸡、儋州鸡、五指山猪等,通过品种选育改良,提高了畜禽产品的供给质量和效率;利用丰富的森林资源发展林下经济,海南让更多森林食品成为餐桌"新宠",能够满足人民群众日益多元化、健康化、个性化的食物消费需求。

3. 科技赋能,充分激发食物供给活力

近年来,海南通过开发新技术,研发新产品,把好育种关、产业关、质量关,不断丰富食物来源储备。

向良种良法要食物——海南省用活用好南繁科研成果,筛选推广优质、高产品种,坚持"海南好米"的评选,推广全省粮食作物"当家"品种,稳步提升粮食作物良种率;扩大本地特色畜禽品种养殖规模,优化养殖结构;提高粮食生产机械化水平,积极推广稻渔综合种养模式,提高单位土地产出效益。

向设施农业要食物——为保障"菜篮子"稳定,近年来海南省大力推广设施大棚建设,不断提高设施覆盖与设施棚型技术应用,通过引进筛选耐湿热、优质叶菜品种,应用病虫害绿色综合防控技术,构建水肥均衡供应体系等多种技术手段,帮助农户安心种菜、种出好菜。

向智慧农业要食物——海南省创建13个全国农业农村信息化示范基地、9个数字化程度较高的现代农业全产业链标准化示范基地;建设了200多家配备"水肥一体化管理系统"的热带作物标准化生产示范园、6个大型智慧畜牧养殖场;打造智慧海洋牧场,投放了2个智能海洋养殖平台。

(四)海南省粮食消费形势判断

1. 粮食消费不断增长,粮食自给率仍将维持在30%~40%

第七次全国人口普查显示:2011—2020年的10年间海南省人口总量增长步伐加快。自由贸易港政策发布以来,人口聚集效应明显;人口素质稳步提升,人均受教育水平明显提高;低龄人口平稳增长,生育政策调整取得成效;人口在城乡和地区间合理流动,城镇化水平持续提高。随着人口数量的增加,粮食消费总量也不断提高,粮食自给率呈现下降趋势。按照2025年常住人口1 200万人、2030年1 250万人估算,粮食消费量2025年将达到480万吨、2050年将达到500万吨,粮食自给率2025年将降低到30%左右，2050年预计可以回升到40%左右。

2. 大食物观深入人心，粮食多元化消费格局形成

海南全域热带气候，拥有丰富的特色热区动植物资源，大部分动植物在海南均能正常生长，广袤海洋更是巨大的食物资源宝库。资源开发从传统耕地资源向整个国土资源拓展，从传统农作物和畜禽资源向更丰富的生物资源拓展，海南岛具有比较优势，多样化的粮食消费格局以及营养、健康的膳食结构将逐步形成。例如，耕地资源可以用来种植水稻、玉米、大豆、薯类、藜麦等作物；林地资源可以用来种植木薯、面包果、菠萝蜜、榴莲蜜等作物；特别是划为保护区的840万亩橡胶林，广阔的林下空间可以用来发展林下经济，丰富食物资源。

3. 国内主产区调运为主，国际贸易进口变化不大

近年来，海南省大米国际市场进口量为1万~2万吨，相对于海南省粮食消费量而言，几乎可以忽略不计。在当前的配额、关税管控下，大米和水稻的进口量变化不大，进口来源渠道拓展不多，海南省粮食安全主要依靠国内粮食主产区保障。

二、海南省粮食安全形势分析

（一）粮食主销区的地位长期不会改变

一直以来，海南由于特殊的岛屿型地域，有限的耕地资源，导致粮食自给率比较低，成为全国7个粮食主销区之一，粮食需要从国内外其他产区调运。随着城镇化水平的提高，自由贸易港建设速度的加快，海南省作为全国粮食主销区的地位长期不会改变。

（二）自然资源要素的投入进一步趋紧

粮食生产离不开土地资源、水资源等自然资源要素，未来粮食生产自然资源要素的投入将进一步趋紧。

1. 土地资源硬约束日趋加剧

一是该省热带特色高效农业与粮食作物争地问题较为突出，热带特色水果、冬季瓜菜以及特色经济作物亩均产值比较高，农民愿意种，而粮食亩均产值较低，农民不愿意种；二是耕地质量下降问题较为明显，海南省耕地质量等级较低、土壤酸化问题突出，常年连续的土地耕作，导致土壤有机质下降，常年高强度地施用化肥、农药，导致土壤板结、酸化，甚至带来重金属污染、高毒农药残留现象等，给农产品质量安全带来隐患；三是农地矛盾问题日益加剧，其他产业与农业争地现象也时有发生。

2. 水资源硬约束依然存在

海南省水资源开发利用率低、时空分布不均；降水东部与东南部多，西部与西北部少，由中部山区向四周沿海递减，汛期5—10月的降水量占全年降水量的84%；缺少配套水资源调蓄设施及条件，洪涝干旱等自然灾害交替发生，尽管海南气候条件可以实现水稻一年三熟，但是鉴于水资源的影响，海南少有市（县）一年种植三季水稻。

3. 局部地区资源环境承载力有限

海南省中部地区，包括五指山、屯昌、琼中、白沙，这些区域属于山地湿润区，是海南省重要的水源地，也是海南林业和生物多样性保护重点区，但是，该地区生态环境脆弱，低收入人口集中，粮食生产基础设施相对薄弱，资源环境承载能力有限，土地资源利用率较低。

(三) 农村劳动力资源方面的制约

第三次全国农业普查结果表明，海南省农业农村劳动力文化素质总体不高，2016年年底，全省共有农业经营户115.32万户，农业经营单位1.39万个。全省从事农业生产经营活动累计30天以上的人员数（包括兼业人员）为222.48万人。分性别看，男性比例为54.7%，女性比例为45.3%。分年龄看，在农业生产经营人员中，年龄35岁及以下的占28.8%，年龄36~54岁的占46.9%，年龄55岁及以上的24.3%。分教育程度看，农业生产经营人员受教育程度以初中和小学为主，初中占60.6%，小学占23.0%。

(四) 科技创新方面的制约

1. 农业科技创新投入力度不大

虽然海南省农业科技创新能力大幅提升，但总体上看还不高。2022年海南研究与试验发展（以下简称R&D）经费投入68.37亿元，投入强度达1%，这也是海南历年来研发经费投入强度首次突破1%。例如，2022年海南省重点研发项目，立项两批，总共立项项目数为129个，单项平均经费仅58万元，其中聚焦粮食作物的项目数是 14 个，经费量为 716 万元，单项平均经费仅为 51 万元。同期广东、广西、福建、云南等省（区）重点研发项目经费均远超海南。

2. 农业科技创新能力有待增强

三亚崖州湾科技城的建设，吸引了国内外大量农业科研院所入驻，带动了海南农业科技创新水平的提升，但是总体上还有待增强。以"海南""水稻"作为篇名，在中国知网搜索，截至 2023 年 12 月，共有 141 篇学术论文、7 篇学位论文；如果将篇名中的"海南"依次替换为"广东""广西""云南""福建"，检索之后，广东省有 178 篇学术论文、9 篇学位论文；广西有 436 篇学术论文、19 篇学位论文；云南省有 232 篇学术论文、14 篇学位论文；福建省有 143 篇学术论文、8 篇学位论文。

3. 农业科技形势依然严峻

海南省经济体量依旧较小，财政科技投入资源分散、投入结构不够合理；关键核心技术和自主知识产权缺乏，高新技术产业规模较小；科技人才的总量、结构和素质依然不适应产业发展的需求，尤其是高端创新人才缺乏，人才队伍建设亟待加强；优良品种推广力度不够，农业科技进步贡献率仅为全国平均水平，农业信息化服务覆盖率相对全国来说较低；耕种收全程机械化程度较低，水稻种植效益不显著；畜牧业饲料短缺，林下间种牧草、秸秆青贮饲料等技术尚欠缺。一些制约科技创新的体制机制障碍依然没有破除，科技工作，尤其是粮食产业科技创新工作离全省各界的要求还有一定差距，面临的形势依然严峻。

（五）粮食生产投入品方面的制约

对照海南省水稻生产的成本效益表可以看出，施用同样数量的化肥，海南省成本是最高的。岛内化肥生产能力有限，有机肥生产严重不足，水果、蔬菜等生产上应用的有机肥大都来自内蒙古，同时对有机肥缺乏统一的标准，鱼龙混杂，导致部分农户对有机肥不敢用、不想用，既影响了农产品质量，也拉高了农业生产成本。虽然 2022 年海南省畜禽粪污综合利用率达 88.5%，秸秆综合利用率达 88.3%，但是在支撑粮食、水果、蔬菜等作物单位面积产量提升上明显不够。

（六）农机装备方面的制约

2022 年海南省农业机械总动力 647.1 万千瓦，同比增长 0.76%。耕作机械中大中型拖拉机 23 488 台、小型拖拉机 54 734 台，处于 2015 年以来的低位；农用排灌机械方面，柴油机 189 359 台、电动机 47 876 台、农用水泵 143 978 台，均呈现出下降趋势；收获机械中的机动脱粒机 39 960 台，处于 2010 年以来的低位。农田基础设施比较薄弱，农田水利设施不健全，工程性缺水问题十分突出，田间水网建设相对滞后，尤其是西部缺水地区农田水利设施更加薄弱，更有甚者，仍有相当一部分农田每年海水倒灌，导致撂荒多年后无法继续耕种。

（七）生态环境方面的制约

1. 海南省重大病虫害威胁严重

海南省高温高湿的自然环境适宜病虫害的发生与繁殖，导致了海南省农作物受重大病虫害威胁非常严重，尤其是草地贪夜蛾、香蕉枯萎病、槟榔黄化病、柑橘黄龙病为代表的重大病虫害大面积发生，各类瓜果蔬菜都面临着防控形势严峻的局面。病虫害的大面积发生，会直接影响粮食等作物的产量。

2. 海南省农业面源污染形势依然严峻

化肥、农药利用率不高，农业投入品废弃物残留物（残膜、农药包装物、灌溉废弃管等）较多，尤其是对超薄地膜的回收利用政策还不完善、体制机制不灵活，导致海南省农业面源污染形势仍然突出。

（八）农业生产成本方面的制约

海南热带资源宝贵，土地、劳动力等要素价格上涨造成农产品生产成本过高，削弱了国际竞争力，与东盟国家共同竞争开放程度较高的国内市场，农产品生产成本快速上涨已经给海南农产品的市场营销带来较大压力，特别是水产养殖、果蔬和粮食种植领域，日益高涨的水面或土地租金、务农劳动力工资不断推高主要农产品的生产成本，使得海南热带农产品原有的价格优势逐渐丧失。未来随着自由贸易港建设速度的加快，农业劳动力、土地等要素成本持续上升的势头不会扭转，要确保全省粮食安全稳定，迫切需要从提升内在质量、强化科技等角度重塑粮食产品的竞争力。

（九）农业投资方面的制约

海南省农业财政投入力度不足，与其他发达省份相比差距较大，2022 年海南省省级公共财政预算中农林水事务支出所占比例为 9.86%，远远低于江苏、浙江等省份，略高于全国平均水平。在支农力度不足的同时，仍存在政府农业投资方式不合理、投资较分散、投资效益亟须提升等问题，目前财政支农项目以基本建设直接投资和各类补贴两种方式为主，财政对社会资本的杠杆引导仍未充分发挥，特别是金融资本投入农业的制度瓶颈仍未突破，因受自身承贷能力、担保抵押条件等方面的限制，小微型农业企业、专业合作社和种养大户融资需求满足率普遍较低，除农村信用社外，其他金融机构直接向专业合作社发放贷款的较少。

（十）农产品冷链物流方面的制约

海南瓜果蔬菜出岛时间一般集中在每年的 11 月至翌年的 5 月，进入 3 月后，气温升高，往往面临易腐烂、难贮运的情况，但海南冷链物流配套设施还不够健全，冷藏保鲜能力不强，物流运输效率不高，导致农产品市场空间不大。2022 年海南省冷链物流流动率约为 13%，低于全国 8 个百分点。以热带生鲜农产品主要产地乐东为例，全县农产品冷链物流项目仅 7 个，库容总量 16 805 吨，而 2022 年乐东县蔬菜瓜果类产品总量达 100 万吨，可库容总量仅为产量的 1.68%，冷藏保鲜设施严重不足。同时因土地用途管制，缺少田头冷库，给农产品冷藏带来诸多不便。种植户希望有更多的冷链设施，来延长农产品的保鲜期，实现错峰、错时和跨季销售。

三、海南省粮食储备

海南省委、省政府历来高度重视粮食储备安全工作，按照国家要求，结合本省实际，已经建立起了较为完备的地方粮食储备体系。2019 年 8 月和 2020 年 1 月，中央和海南省先后下发了关于改革完善体制机制加强粮食储备安全管理的相关意见，对加强地方粮食储备和管理提出了明确方向、基本遵循和具体要求。2023 年 12 月 1 日起施行《海南省地方粮食储备管理办法》，标志着粮食储备进入了依法治理的新阶段。在粮食储备上的主要做法：一是全面落实地方粮食储备规模，海南坚持按国家核定的地方粮食储备规模，全面落实到位；二是构建多层次的粮食储备体系，除了政府储备以外，海南加快建立规模以上粮食加工企业社会责任储备，落实粮食经营者特定情况下库存量制度，规模以上粮食加工企业社会责任储备大米、面粉、食用植物油 1.2 万吨，此外各类粮食经营者商业库存可保障全省 17 天口粮、51 天食用油市场供应；三是做好粮食产销衔接，海南作为粮食主销省，粮食生产量低于消费量，在构建全国统一大市场的良好环境下，海南加强与粮食主产区的产销协作，支持各类市场主体从省外调进大米、面粉、玉米等各类粮食产品，保持了粮食市场持续的繁荣稳定，满足了人民群众对粮食的消费需求；四是建立了完善的应急保障体系，海南按照"城乡全覆盖"的要求在全省建立了96家粮食应急加工、23个粮食应急储运、333个粮食应急供应网点，涵盖应急加工、储运、销售环节，形成主城区1小时、周边城镇2小时、边远乡镇3小时的粮食应急保障圈，能够保证在紧急情况下，各类应急网点依次响应、无缝对接；五是粮食产业经济的根基不断夯实，近年来，借助自由贸易港政策优势和区位优势，海南省粮食仓储、物流、加工业等产业经济实现跨越式发展，海南恒丰、澳斯卡国际粮油等大型市场化粮油加工企业落地海南，新增食用植物油年加工100万吨、小麦年加工25万吨、面条年加工3万吨、稻谷年加工18万吨能力。

第四章　粮食安全国内外经验借鉴

第一节　粮食安全国际经验借鉴

英国《经济学人》杂志旗下的智库发布了《2022 全球食品安全指数》（GFSI）年度报告，该报告根据可负担性、可利用性、质量和安全、可持续性和适应性4个核心因素相关的68项专门的粮食安全指标，对全球113个国家和地区的粮食安全的基本驱动因素进行评估，中国位列第二十五位，日本位列第六位，美国位列第十三位，新西兰位列第十四位，韩国位列第三十九位。

一、日本和韩国

（一）日本和韩国粮食安全现状

日本是一个岛国，国土大部分被山体覆盖，耕地面积有限，因此日本一直非常关注粮食自给率和粮食安全。据日本广播协会电视台（NHK）2023年8月7日报道，日本农林水产省当日发布的数据显示，按食物热量计算，2022财年日本的粮食自给率为38%，与上一财年基本持平，处于历史较低水平。而按生产额计算，2022财年日本的粮食自给率为58%，较上一财年下降5个百分点，系1965财年以来最低值。具体而言，2022财年，日本大米的自给率为99%、蔬菜为75%、海鲜为49%、大豆为25%、畜产品为17%、小麦为16%、油脂类为3%。

韩国受制于耕地面积少等自然条件，是一个粮食自给率很低的国家，大部分粮食需要从国外进口。韩国每年依赖海外进口粮食超过1 700万吨，2022年的粮食自给率仅为19.3%，历史上首次跌破20%大关。

(二) 日本和韩国的粮食生产政策

1. 严格的耕地利用政策

日本、韩国农地保护立法完善，农地利用审批严格，违法行为制裁严厉。日本山地多、平地少，耕地资源尤为稀缺，且地块散碎分布。为此，日本陆续制定了《农地法》《土地改良法》等一系列法律、法规和规范性文件等，构建法律、规范、标准相配套的农田建设制度体系，为农田建设有序进行提供了重要制度保障。日本一贯注重坚持较高的建设标准，注重工程质量和长期效益，防洪按30年一遇标准，排涝按10年一遇标准，工程有效使用期为30~50年；在农田水利建设中，干、支、斗、农渠（沟）全部衬砌硬化，桥涵闸配套齐全，因地制宜采用管道输水；对田间机耕道和农村道路进行统一规划整治，铺设沥青路面，以利于农产品的生产流通，改善农村的生产、生活条件。此外，日本同样重视后期管护。韩国在"新村运动"过程中，主要以农业振兴区域或保护区域建设为依托，免费发放建设所需的水泥、钢筋、管道等物资成品或半成品，鼓励推进相邻农地的规模化整治，重点完善农田水利及道路等设施配套，着力提升农业生产的机械化水平。

2. 重视粮食生产要素的投入

日本、韩国耕地面积非常有限，因此非常注重单位面积产量的提升。一是重视农田基础设施建设。日本针对水利设施建设、土地整理、农田和农村道路建设、受灾农田设施修复等项目，已经形成以政府补贴为主导的资金来源投资模式；韩国的农田基础设施建设和农业技术研发、推广、应用也主要以政府投资为主导，特别是自立村，农田基础设施均由政府投入。二是重视农业科学技术的投资与应用。日本从中央到地方建立了众多农业科学研究机构，并给予大量经费补贴，政府每年投入的农业科研经费占农业国内生产总值的2.2%左右，在科学研究的基础上，形成了一套主体多元、层次分明、行之有效的农业技术推广系统，确保最先进的农业技术能够迅速落地；韩国的农业科技创新投入主体分为以政府为主的管理主体和以公共研究机构、大学、企业为主的创新主体，投资开展农业技术研发，普及农业新技术，推广优良品种，提升农业生产效率，近年来韩国政府部门用于农业科技创新的资金投入数额稳步上升，占政府科技创新投入总额的10%左右。

3. 注重农村劳动力的培训

日本推行认定农业者制度，对于符合认定的对象，日本政府会给予长期低利率融资、农地流转政策、农业基础设施补贴等多方面的支持。同时，自20世纪90年代起，日本还培育了村落营农组织，该组织实现了农地集中，共用农机和设施，提升了农业生产效率，并且随着营农组织法人化率的提高，其财务管理、人力资源等经营制度更加规范，同时也更容易吸引人才、开展多样化经营与享受国家的优惠政策。韩国也十分注重农业继承人的培养，政府给予每位农业继承人大量资金支持；为了弥补农业经营个体的不足，韩国近年来一直鼓励农业企业的发展，使一二三产业相融合，延长农产品价值链。

（三）日本和韩国的粮食流通政策

1. 以高补贴和高关税为主要特征的粮食流通体系

日本的粮食流通体制自第二次世界大战以后经历了由政府直接管理到间接管理的演变，并形成了较完善的粮食宏观调控体系。目前采用的是政府收购与自主流通的双轨制。在流通环节方面，日本专门设立1个全国性的大米价格形成中心（农林水产省属下的财团法人），依据农林水产大臣批准的大米流通计划，通过下设的两级集货商，将全国农民分散生产的大米收集起来，通过政府粮食事务所检验后，按品种、质量和计划数量等区分为"政府米"和"自主流通米"。政府收购的粮食按照政府规定的价格，大多数都由财政补贴；自由流通的粮食价格由市场决定。政府直接参与或委托企业参与一部分粮食的购销活动，并控制粮食价格，此外，还对一些流通组织和流通行为进行干预。

大米是日本重点保护产品，配额外关税高达341日元/千克，配额内进口关税为零，但实际上这部分大米难以进入日本市场。对小麦、大麦的管理与大米类似，配额内零关税，配额外关税分别为55日元/千克和39日元/千克。杂豆（豌豆、红豆、扁豆、蚕豆等）的配额内关税为10%，配额外关税为354日元/千克。花生配额内关税为10%，配额外关税为617日元/千克。

韩国自2004年起废除了沿袭34年的大米购销倒挂的价格政策，并从2005作物年开始对大米进行直接支付，该政策包含固定支付和可变支付两部分。符合固定支付的条件：1998—2000年一直种植水稻的稻田。符合可变支付的条件：在政府登记的耕地中当前种植水稻。支付金额根据每年收获后的市场价与目标价格之间的差额进行计算。1995年世界贸易组织（WTO）成立，为保护国内市场，韩国政府决定推迟10年实行大米关税化，2004年韩国又以此为由再推迟10年，2015年1月1日韩国大米关税化正式实施，对超过进口配额的大米征收关税税率高达513%。

2. 重视粮食对外投资合作

日本企业在海外一般不直接参与粮食作物种植，而是与当地农民合作，向其提供资金、技术和农业机械，以订单生产的方式收购他们生产的粮食。另外，还通过联合经营、收购农业企业及设施、购买或租赁土地及农场的方式，建立了包含生产、收储、加工和出口在内的海外粮食供应链，确保了日本进口粮食的充足性与稳定性。韩国政府也制定了许多鼓励海外粮食投资合作的优惠政策，虽然取得了一定成效，但因为韩国主要采取直接交易土地的海外屯田模式，容易受到当地法律、政策甚至文化传统的阻碍，并且饱受"国际新殖民主义"的舆论质疑，加之事前调查研究工作做得不充分，海外投资失败的案例较多。

（四）日本和韩国的粮食储备政策

经过多年的改革完善，日本逐步建立起比较完善的粮食储备制度。该制度具有明确的政策目标和详细的操作要领，特别是在竞标收购和市场投放两方面制定了严密的操作流程。储备粮主要来源于政府直接收购的国产米和少量进口米。粮食储存由政府负责一小部分，其余交由民间代为储存，民间储存主体主要是农业协同组合（简称农协）和专业储存公司，政府对民间代储费用进行补贴。日本粮食储备采用滚动轮换法，两年一换，平均每年抛售50万吨陈米，再购入50万吨新米，储备米在签约的米店里进行销售，政府为这种米起别称为"储君"，购买"储君"者可以享受便宜价格和较高礼遇双重好处。

2005年韩国开始实行公共储备制度，按照WTO规定通过买入和销售调节市场，政府决定收购数量和价格，储备粮由农协负责保管和销售，政府支付保管费用并负责监管，销售时间和价格同样也由政府决定。

（五）日本和韩国的粮食消费政策

针对日本粮食自给率低下、传统饮食文化难以传承、国民营养不平衡等诸多问题，日本农林水产省推出了"日本型食生活"政策，倡导国民形成以米饭为中心，鱼、肉、乳制品、蔬菜、海藻类、豆类、水果、茶等多种副食为搭配营养均衡的良好饮食习惯，并改善早餐欠食率。韩国在2009年11月颁布了《饮食生活教育支援法》，并成立了饮食生活教育委员会，帮助国民从小养成良好的饮食生活习惯，并促进本土粮食消费，提高粮食自给率。

二、小岛屿国家

小岛屿国家由于土地资源有限、易受极端天气事件影响以及粮食进口依赖度通常较高，在确保自身粮食安全方面面临着独特的挑战，为应对这些挑战，小岛屿国家通常采取以下策略来保障粮食安全。

提高粮食生产效率策略：鉴于土地资源有限，这些国家通常会通过国际合作，引进先进的农业技术和方法来提高单位面积产量，如引进或培育优良品种、推广集约化技术以及采用现代灌溉和肥料管理技术。

种植多元化粮食作物策略：为了减少对单一作物的依赖并提高粮食来源的多样性，小岛屿国家可能会鼓励种植多种粮食作物。这不仅有助于粮食安全，还可以增强粮食种植系统对气候变化和市场波动的抵抗力。

节约水资源策略：由于许多小岛屿国家面临着淡水资源的限制，因此发展节水型粮食作物、节水型粮食生产技术等是至关重要的，如建立高效的雨水收集和储存系统、实施节水灌溉技术以及保护和恢复水源地等。

气候变化适应策略：小岛屿国家特别容易受到气候变化的影响，因此，发展适应气候变化的粮食生产方式是至关重要的，如种植耐盐碱粮食作物、采取防风固沙的农业布局和防洪措施。

加强本地食品生产和供应链策略：通过投资本地农业基础设施，如灌溉水渠、运输通道、加工设备、批发市场等，可以增加本地粮食生产并降低对进口的依赖。

政府政策和补贴策略：政府可能会提供补贴和激励措施，以支持农民发展粮食生产。这些措施可能包括税收减免、直接财政援助或提供农业培训和教育。

国际合作和贸易策略：由于小岛屿国家往往无法完全自给自足，因此与其他国家的合作和贸易也是保障粮食安全的关键。这包括进口必要的粮食、技术交流和寻求国际援助。

社区参与和教育策略：鼓励社区参与以及提高公众对于可持续农业和粮食安全的认识是非常重要的，可以通过教育项目和社区农业计划来实现。

第二节　粮食安全国内经验借鉴

一、浙江省

(一) 强化耕地保护

大力开展高标准农田建设，对农田"水、土、田、林、路"综合治理，实现"田成方、路相通、渠相连、旱能灌、涝能排"。

落实耕地利用优先序，即粮食生产功能区严格用于种粮，确保种植一季以上粮食作物；永久基本农田重点用于发展粮食生产，一般耕地主要用于粮食、棉、油、糖、蔬菜等农产品及饲草饲料生产。按照"坚决遏制增量、妥善处置存量、严格治理抛荒"的要求，对新增耕地"非粮化"问题，做到发现一起、制止一起、查处一起；对存量问题，坚持"一区一策"，坚持清理腾退和调整补划两条腿走路。清理腾退的，要尊重农业生产规律，给予合理的处置期和经济补偿，实事求是，不搞"一刀切"，保护农民利益。

同时，浙江坚持数字化引领变革，全面梳理"非粮化"整治重大需求、多跨场景、重大改革任务"三张清单"，开发建设"非粮化"整治重大改革应用场景。建立耕地、永久基本农田、高标准农田、粮食生产功能区等系统集成的数字化管理平台，存量"非粮化"问题全部上图入库，并按照"一区一码"进行赋码管理，实现"非粮化"整治精准管控，逐块销号。对新增"非粮化"问题，通过遥感监测、日常巡查实行动态监管，构建"非粮化"从监测、核实、处置、反馈的全流程闭环管理，实现以图管地。

(二) 强化科技支撑

浙江深入实施农业"双强"（科技强农、机械强农）行动和粮油作物大面积单产提升行动，大力推广先进适用技术和高效农作制度，推进粮食生产全程机械化，广泛开展绿色高产创建，着力推进粮食生产降本增效，不断提高粮食生产水平。数据显示，浙江全省粮食作物良种覆盖率已达98%，比全国平均高3个百分点；水稻耕种收综合机械化率88.5%，在南方丘陵山区省份中居第一位；早稻亩产419.8千克，居全国第二位。此外，浙江省粮食生产专线服务和在线服务机制的构建完善，也为粮食丰产保驾护航。在浙江,农业科技专家与种粮大户间已建立起一对一挂钩联系,实现1.7万户种粮大户全覆盖。

(三) 强化政策扶持

持续实施省级规模粮油补贴、订单奖励等系列粮食生产扶持政策。例如,浙江积极落实种粮补贴动态调整机制,根据种粮成本监测确定每年省级规模种粮动态补贴标准,有效稳定种粮农民收益预期;完善稻谷最低收购价政策,在国家稻谷最低收购价基础上,浙江省级收购价每50千克再增加4元;强化粮食生产金融支持,实行全省域水稻完全成本补充保险,保障程度从最高每亩1 000元提高到1 400元。

二、福建省

(一) 刚柔并济,做活耕地文章

福建省宁德市深入学习贯彻习近平总书记关于粮食安全的重要论述,持续深化"藏粮于地、藏粮于技、藏粮于民"战略,全面落实粮食安全党政同责,创新开展"我在宁德有亩田"活动,集中盘活农村撂荒地资源,全面推进复垦复种,有效激发了"重农抓粮"的积极性,有力营造了全社会共同关注、共同参与、共同维护粮食安全的浓厚氛围。一是摸清地块底数。按照"村有清单、乡镇有台账、县有总账"思路,对所有地块开展拉网式排查,精准掌握耕地种植情况,逐级形成信息台账,做到底数清、情况明。二是搭建认领平台。坚持机关单位示范、党员干部带头,以自主耕种、委托农户代耕代种、共享土地收成等多种途径,自愿认领"一亩田"。三是实行对账销号。推行"领导干部挂钩+部门联合督查+乡镇一线推进"工作机制,强化网格化、清单化、销号化管理,做到责任到人,逐块整治,复垦一块,销号一块,有效推动撂荒地应垦尽垦。

(二) 创新机制,提升种粮效益

围绕种好每亩田,大力推广良种、良法、良机,推行规模化种植、科技化管理、社会化服务、市场化运作,既提高了耕种质量,也提升了种粮效益。一是规模化种植。推动有条件的农村党组织通过领办成立合作社或依托现有合作社,对无力耕种的承包户名下耕地及其他各类撂荒耕地,进行集中流转、代耕代种、土地托管等。二是科技化管理。加强与省农业农村部门、农业科研院所等对接联系,采取

"请进来"和"走出去"的方式，邀请农业科技专家为种植户进行集中授课、现场教学，组织种植户到粮食主产区考察学习先进经验和创新模式，以科技手段加强种苗培育，研发绿色高效栽培技术，实现粮食产业高质高效绿色可持续发展。三是社会化服务。扶持一批规模化、专业化粮食生产社会化服务主体，为小农户开展低成本、便利化、全方位服务，实现专项服务标准化、综合服务全程化、集中连片推广绿色高效现代农业生产方式。四是市场化运作。创建粮食产品区域公用品牌，建立集加工、保鲜、包装、发货等功能为一体的营销中心，加大对区域农产品的统购统销，提高农产品附加值，有效增加了粮农收入。

（三）山海并进，拓展粮食来源

"八山一水一分田"是福建省陆地资源环境的实际，与陆地面积相当的13.6万千米^{2}海域则是福建省最大的潜在优势。漫长曲折的海岸线，宽阔的海域和优质的水产资源，赋予了福建向海要食物的无限可能。福建省大力推动"福海粮仓"建设，走出一条别具特色的粮食安全之路。"把米缸建在海底，把粮仓建在海上。"福建省海洋与渔业局表示，下一步，将在资金、技术、项目等方面大力扶持优势龙头企业发展，从水产种业、养殖转型、远洋渔业、水产加工、产业融合、基础建设、养殖区保护等方面多措并举推进"福海粮仓"建设，丰富百姓餐桌，保障福建省粮食安全。

第三节 国内外自由贸易港（区）粮食及其产品贸易发展经验

一、全球自由贸易港粮食及其产品贸易发展

中国香港、新加坡、阿联酋迪拜是全球具代表性的自由贸易港，其中中国香港和新加坡均由岛屿组成，阿联酋迪拜位处波斯湾南岸。因受地域或气候制约，3个自由贸易港粮食产业基础薄弱，粮食大都依赖进口，迪拜更是几乎没有本地农业。但各地区因地制宜，积极探索适合本地特色的自由贸易港政策，在发展粮食产品贸易、消费及都市休闲农业方面取得突出成绩，其经验做法值得海南借鉴参考。

（一）中国香港

香港特别行政区位于珠江口东侧，北接广东深圳，南临南海，为珠江内河与南

海交通的咽喉，也是中国南部的门户，更是亚洲及世界的航道要冲。其行政区域范围包括香港岛、九龙、新界和周围的262个岛屿，陆地总面积1 106.34千米^2，海域面积1 648.69千米^2（数据来源：中央人民政府驻香港特区联络办公室网站，2023-04-21）。截至2022年年中，总人口约734.6万人，是世界上人口密度最高的地区之一。香港经济高度发达，是国际金融、航运和贸易中心，由于农业用地资源有限（48千米^2），发展农业先天条件不足，因此其经济重点以服务业为主，服务业占本地生产总值的比重长期超过90%。

在20世纪中叶之前，农业曾是香港重要的产业。第二次世界大战后，香港当局出于战略考虑对农业采取积极态度。1946年，蔬菜统营处批发市场成立，1951年新界蔬菜产销合作社成立，建立起一套蔬菜统销制度，至今仍发挥重要作用。20世纪70年代开始香港农地因新市镇发展被大量征收，80年代是香港农业的分水岭，一方面，"生发案"判定农地用途不受限制，导致停车场与仓储空间蚕食新界农地；房地产市场因而开始发展，带动"丁屋"在农地上加速建造，地产商囤积农地静候发展时机，导致农地抛荒日益严重；另一方面，中国的改革开放吸引香港农业企业在内地开设农场，内地蔬菜涌入香港市场；新界蔬菜产销合作社允许社员从内地进口蔬菜，令内地蔬菜进一步取代香港本地农产品。20世纪80年代末爆发一系列供港蔬菜质量安全事件，令香港重新重视本地农业。1988年开展"农地复耕计划"，1994年渔农处推行针对香港和在内地的港资农业企业的"信誉农场计划"，推广优良园艺操作及环保作物生产方法。1988年，香港民间还成立了第一个有机农场"绿田园"，开启了香港有机农业运动。2000年起，有机农业得到官方协助，香港渔农自然护理署（简称渔护署，前身为渔农处）推出"有机耕作转型计划"，为农民提供技术支援，并成立有机产品认证机构。这一系列努力令供港蔬菜安全性有所提高，但香港粮食自给率仍然非常低。

香港目前大约有2 400个农场，维持农业生产（蔬菜、花卉、杂粮、果树）的耕地面积约为600多公顷，务农人口大约4 000多人。本地蔬菜自给率维持在1%左右，进口蔬菜中90%以上由内地供应，而稻米的自给率在香港基本为零。香港大米进口主要来自泰国、越南以及中国内地，中国香港与内地省份之间已经搭建起稳定的农产品销售渠道，在内地建有供港蔬菜基地、供港粮食基地以及供港生猪养殖基地等。

（二）新加坡

新加坡位于亚洲东南部、马来半岛南端、马六甲海峡出入口，北隔柔佛海峡与马来西亚相邻，南隔新加坡海峡与印度尼西亚相望，由新加坡岛及附近63个小岛组成，土地资源有限，自然资源匮乏。新加坡经济高度发达，2022年人均国内生产总值达到8.3万美元，是全球经济最具活力、前景持续看好、最国际化的国家之一。

新加坡用于农业生产的土地仅占国土总面积的1%左右，农业生产总值占比不到0.1%，主要农业生产活动为蔬菜种植、花卉种植、家禽饲养、水产养殖等。新加坡90%以上的食品需要进口，其中，带壳鸡蛋的自给率仅为28.9%，蔬菜的自给率为3.9%、海产品的自给率为7.6%，2020—2022年主要食物进口数据如表4-1所示。

表4-1 2020—2022年新加坡主要食物进口量

年份	进口量							
	鸡蛋（亿万枚）	海产品（万吨）	鸡肉（万吨）	猪肉（万吨）	牛肉（万吨）	羊肉（万吨）	蔬菜（万吨）	水果（万吨）
2020	16.071	13.43	23.09	12.84	3.35	1.48	55.91	42.77
2021	14.943	12.82	21.44	12.81	3.94	1.50	54.44	43.31
2022	15.075	12.45	22.94	12.90	3.68	1.54	51.80	41.23

这些食品来自全球180多个国家，其中鸡蛋进口主要来自马来西亚、波兰，鸡肉进口主要来自巴西、马来西亚和美国，猪肉进口主要来自巴西、德国和印度尼西亚，牛肉进口主要来自巴西、澳大利亚和美国，羊肉进口主要来自澳大利亚、爱尔兰和新西兰，海产品进口主要来自印度尼西亚、马来西亚和越南，蔬菜进口主要来自中国、印度和马来西亚，水果进口主要来自中国、马来西亚和南非。由于新加坡粮食安全容易受到外界的影响和冲击，新加坡农业部门努力向高科技、创新型、高度密集型、生产有效和资源有效的方向转变，以提高当地生产能力，缓解供给压力。新加坡农业是典型的都市现代农业，2022年新加坡拥有257个农场，按品种划分，海产品136个、蔬菜111个、鸡蛋3个、其他7个。

同时，新加坡也有高产值的出口型农产品，以兰花等观赏性植物和热带鱼等观赏鱼为主。新加坡都市农业的主要特色是现代农业科技园，其集约经营水平高，以追求高科技和高产值为发展目标。新加坡有6个农业科技园，这些农业科技园成为推动高新技术农业发展、推广农业科技成果以及开展国际农业技术咨询服务的主体。

尽管新加坡土地资源有限,农业对国内生产总值的贡献非常小,但农业发展仍然呈现鲜明的特色,形成独特的农业优势,具有一定的发展潜力。首先,新加坡农业集约化程度高,通过建设现代化的农业科技园,新加坡的都市现代农业实现了高科技和高附加值的发展目标,并且不断提高农业生产力。新加坡的高科技农业园兼有观赏休闲和出口创汇的功能,并取得良好的经济和社会效益。其次,新加坡农业研发创新水平高,新加坡的农业科技研究主体既有公共部门、又有私营部门,两者互相补充,都发挥着重要作用。再次,新加坡农业注重观光旅游和科技教育,新加坡的农业科技园兼有农业旅游和农业科技教育的功能,每年吸引数百万名游客参观访问,农业发展的多功能化趋势明显。最后,新加坡注重海外农业投资,新加坡的海外农业投资具有两个特点:一是产业定位高端;二是投资具有战略性,即新加坡凭借其在食品安全和农业技术方面的优势,在全球进行农业战略投资,通过海外的农业生产,缓解国内的农产品供给压力。

(三) 阿联酋迪拜

迪拜是阿联酋人口最多的城市,也是该国7个酋长国之一迪拜酋长国的首府。迪拜位于中东地区中央,面向波斯湾,是一片平坦的沙漠之地,面积约为4 114千米^2,常住人口约为339万人,且有80%为外国投资者、专业技术人才和务工人员。

在迪拜,贸易是第一大经济支柱,其后依次是物流、金融、旅游。杰贝阿里自由贸易区(JAFZA)是彰显迪拜贸易特色的代表,在阿联酋的10多个自贸区中,它是最重要的,也是中东地区最大的自贸区。JAFZA对迪拜国内生产总值的贡献达到了20.6%,占迪拜出口总额50%,占迪拜吸收外国直接投资总额20%,并为阿联酋创造了约16万个工作岗位。在迪拜,自贸区与外面的中东世界截然不同。根据中东地区的法律,外国人在当地设立公司须遵循保人制度,即必须由当地人作保,且保人持股至少占比51%甚至100%,这种特殊的制度限制使得许多大型企业轻易不敢踏足中东地区。自由贸易区解决了这些问题,根据迪拜政府的相关规定,自贸区内企业可享受100%外资拥有、50年免除所得税、期满后延长15年免税期、无个人所得税、进口完全免税、资本金和利润允许100%遣返以及充足的廉价能源等政策,自贸区成为企业最大的保人。

迪拜农业生产先天条件差,因此也是以发展农产品转口贸易为主。由于地处沙漠地区,炎热干燥,淡水资源匮乏,迪拜几乎没有农业,食物消费大量依靠进口。

进口农产品除了满足国内需求之外，还转口到周边的阿拉伯国家。

（四）经验借鉴

做实农产品进口是当前世界各国自由贸易港解决粮食安全的主要路径。中国香港、新加坡和阿联酋迪拜利用优惠政策开展粮食产品的进口贸易，也走出去布局粮食产业，为区域内的进口拓展来源渠道。

二、我国自由贸易试验区涉农政策情况和发展经验

（一）涉农政策情况

2013年9月27日，中国第一个自由贸易试验区——中国（上海）自由贸易试验区设立，这是中国自贸区的"试验"伊始。在上海自贸试验区的示范作用下，中国自贸区10年经历了6轮建设，直至2023年年底，中国自贸区增至22个（上海、广东、天津、福建、辽宁、浙江、河南、湖北、重庆、四川、陕西、海南、山东、江苏、河北、云南、广西、黑龙江、北京、湖南、安徽、新疆[①]），覆盖从南到北、从沿海到内陆，并在深化改革、扩大开放及服务国家战略等方面取得显著成效。

1. 加强贸易便利化

22个自贸区中，山东、江苏、河南、黑龙江、安徽等省主要关注优化食品农产品等鲜活产品的出入境检验检疫流程，计划设立追溯标准国际互认机制。其中黑龙江和山东首次提出研究与周边国家（如俄罗斯、日本、韩国）制定鲜活农副产品目录清单，加快开通快速通关绿色通道，并在一线口岸设立种子种苗、冰鲜水产品等农产品进口指定监管作业场地。河北依托北京大兴国际机场，申请设立水果、种子种苗、食用水生动物、肉类、冰鲜水产品等其他特殊商品进出口指定监管作业场地。四川提出全面实现供港澳蔬菜出口直放。福建提出针对来自中国台湾特定区域的部分农产品，如水产品、种子种苗和花卉苗木等实行快速检验检疫模式。云南提出对毗邻国家输入的部分农产品开展快速检验检疫，并面向南亚和东南亚建立跨境电商合作交易平台、跨境物流公共信息平台。湖南计划开通农副产品快速通关"绿色通道"，对区内生产加工的符合"两品一标"（绿色食品、有机产品及农产品地理标志）标准的优质农产品出口注册备案，免于现场评审并出具检验证书，同时，

---

① 新疆维吾尔自治区，全书简称新疆。

计划扩大非洲咖啡、可可、腰果、鳀鱼等优质农产品进口，并探索建立进口食用水生动物、冰鲜水产品和水果集散中心。浙江鼓励粮食进出口企业与运输企业建立长期稳定合作关系，降低国际粮食运输费用。广西发挥中国—东盟边境贸易凭样检验检疫试验区作用，探索开展跨境动物疫病区域化管理工作。在国际会展检验检疫监管模式下，支持东盟博览会扩大原产于东盟国家农产品的展示。山东计划开展棉花等大宗商品交易，打造食品农产品、葡萄酒进出口集散中心。

2. 着力发展优势产业

山东注重水产业及海洋产业发展，计划建立东北亚水产品加工和贸易中心，以及现代化海洋种业资源引进中转基地；优化海洋生物种质及其生物制品进口许可程序，并加强海洋生物种质和基因资源研究及产业应用。

浙江计划成为保障国家能源和粮食安全的重要基地，在新增方案中提出建立能源等大宗商品政府储备和企业储备相结合的政策保障体系，支持以大豆为突破口，创新粮食进口检疫审批制度，计划建设进口粮食保税储存中转基地；另外还将发展进境牛肉等高端动物蛋白加工贸易产业。

云南立足沿边地区优势，计划建立沿边资源储备基地，试点牛肉、天然橡胶等产品储备制度改革，并支持红河片区、德宏片区建立大宗产品储备基地；依托现有交易场所设立农产品咖啡、橡胶、畜产品等优势产品交易及拍卖中心；支持开展全球动植物种质资源引进和中转业务。

3. 拓展农业双向投资合作

云南通过建设境外农业经贸合作区，解决跨境农业合作返销农产品检验检疫准入。陕西加强境外经贸合作区、产业集聚区、农业合作区等建设，开启"两国双园"国际产能合作新模式。

福建将取消在自贸试验区内从事农作物（粮棉油作物除外）新品种选育（转基因除外）和种子生产（转基因除外）的两岸合资企业由大陆方面控股要求，但台商不能独资。

2017年，农业部[①]首批设立了10个农业对外开放合作试验区，其中8个都在自贸试验区。农业专业领域合作试验区的设立可以充分利用自贸试验区的政策和制度优势，吸引外资进入并促进国内产业转型。如眉山天府新区将依托中国（四

---

① 中华人民共和国农业部，简称农业部。2018年3月，国务院机构改革将农业部的职责整合，组建中华人民共和国农业农村部。

川) 自贸区眉山协同改革先行区,培育"1+2+N"特色农产品产业空间格局,围绕1个视高总部经济区打造综合性农产品国际物流仓储中心,引进内外资企业建设农业对外开放与合作产业集聚区;培育省级果蔬、市级空港2个现代农业园区,建设180千米²的对外开放农业合作示范基地,发展包括中国—法国、中国—德国等农业合作项目在内的N个特色产业团组。

4. 加大农业科技交流合作

陕西自贸试验区杨凌片区位于我国最早建立的国家杨凌农业高新技术产业示范区,也是全国唯一以现代农业为主要特色的自由贸易试验区,主要目标是以农业科技创新、示范推广为重点,通过组建面向"一带一路"合作伙伴的现代农业合作联盟和全球农业智库联盟,拓展在农业新技术、新品种、新业态以及节水农业、设施农业、农业装备制造等领域的国际合作,打造"一带一路"现代农业国际合作中心。主要政策措施:一是统筹协调国内外农业高校合作资源,发起"中美大学农业推广联盟",整合农业技术、水土保持、节水灌溉等国际培训合作资源,实施覆盖50多个国家和300多名技术人员的农业援外培训工程。二是创新农业科技商贸"走出去"新模式,利用农业发展基金和国家开发银行资金资源,建设涵盖中国—哈萨克斯坦、中国—澳大利亚、中国—美国、中国—俄罗斯、中国—吉尔吉斯斯坦、中国—塔吉克斯坦等中外农业合作园区集群,带动农业产业科技商贸服务生态链。三是推广中国农业技术装备,以农业示范园为载体进行品种试验种植养殖、科技示范展示,并促进国内企业和国外农业机构合作,深化品种改良及新品研发。四是加强科技人文交流,通过与哈萨克斯坦等国家的农业教育研究中心、大学、科研机构等建立广泛联系,举办境内外培训计划观摩会等,促进民间及政府间互访交流。作为农业对外合作政策的一个实验性平台,杨凌片区起到了为农业引资、引智、引技的重要支撑作用,为切实推动国家农业高质量发展进行了有效探索和实践。

(二) 对海南的启示

根据以往自贸区建设经验,海南可在普适性贸易投资便利化的制度设计上,采用"复制+推广+应用"的方式,借助较为成熟的现行制度体系和运作模式"打基础",同步加强行业匹配、资源调度、制度约束及政府职能调整,用最快速度将基础性模式改革到位。同时,通过深度分析地理位置优势、资源优势和政策优势,重点关注国内自贸区农业领域的优劣,注重因地制宜地开展"特色安排"型制度创设，从而推动业态创新和优势产业发展。

1. 定位高起点，发挥创新能力，强化农业领域顶层设计

目前中国 22 个自贸区中，陕西自贸试验区杨凌片区是唯一一个以推动现代农业国际合作交流为主要特色的自贸片区，杨凌通过探索农业综合标准化服务模式，打造形成"点上示范、面上推广"的新格局，并全力推进农业科技成果转化和对外合作交流，形成了较好的先进经验。海南具有天然的绿色农业资源，但同时又有和杨凌完全不同的气候条件和农业产业基础，按照"复制先进、错位发展"的理念，海南一方面可借鉴杨凌片区式发展经验，从加强顶层设计入手，筹划建设热带作物种植交易合作园区、种质资源引进培育园区、农产品仓储物流拍卖园区等，形成规模化发展方案，并以此积极争取设立农业对外开放合作试验区等政府支持项目，由上而下建立指导性规划，占领政策高地，自下而上充分发挥地方政府主观能动性，积极配合国家管理部门促进制度创设和改革措施落地。

2. 围绕港口建设，提升贸易能力，打造海上"一带一路"核心区

在当今世界经济政治局势日趋复杂的情况下，维护中国海洋权益、传承"海上丝绸之路"光荣使命，是地处华南对东南亚海上交通要冲的海南的必然选择，围绕港口建设打造"海上丝绸之路"的重要支撑节点也将是海南建设自由贸易港的首要着力点。按照国家发改委关于海南洋浦港的发展定位规划，到 2035 年，海南洋浦港将要成为国际陆海贸易新通道枢纽港，并形成西部陆海新通道的主通道，该通道将贯通琼—桂—川—渝，串联中国南端海南省与西南部和西部 11 个城市，辐射广西、云南 5 个边境口岸。交通运输便利是通关便利的"先行官"，只有保障运输畅通，才能发挥海南自由贸易港的重要通道作用，进一步吸引国内外货源、降低物流成本，为海南拓展转口贸易带来直接红利。农业部门应联合交通运输部门和财政部门，积极推进冷链物流发展，完善鲜活农产品运输绿色通道政策，如为合法装载鲜活农产品运输车辆争取免征通行费或冷链项目特别补助，以加固创造经济价值联系的纽带。

3. 做强优势产业，着力科技牵引，挖掘经济发展新动力

从目前国内自贸区负面清单来看，我国的农业外资开放水平已相对较高，特别是在精深加工企业发展方面，海南自由贸易港政策也给予了充分的支持力度。在吸引外资和开展对外合作的同时，海南自身应加强农业高新技术的发展，引导外资流向现代农业设备高端制造业、种质资源保护及发展技术等方面，打造种植资源的引进、培育、销售一体化合作平台，支持与涉农科研院所、农业高校和企业联动开展

产学研合作,以提升农业科技的创新能力和核心竞争力。对于本土较有优势的水产品,则着重发展加工领域的投资合作,鼓励企业提升精深加工产业利用外资的效率。

第四节 海南省保障粮食安全现有政策和措施

一、强化耕地保护

2018年12月25日,《海南省市县政府耕地保护责任目标考核办法(修订)》印发实施,各市、县、自治县人民政府负责本行政区域内的耕地保有量、永久基本农田保护面积以及高标准农田建设任务,市、县、自治县人民政府市长、县长为第一责任人。海南省人民政府对各市、县、自治县人民政府耕地保护责任目标履行情况进行考核,由省自然资源和规划主管部门会同省农业农村主管部门、省统计部门负责组织开展考核检查工作。

2021年3月22日,《海南省耕地开垦费收缴使用管理办法》印发,自2021年5月1日起实施。非农业建设经批准占用耕地的,建设单位应当按照"占一补一、占优补优、占水田补水田"原则,依法履行补充耕地义务。没有条件开垦或开垦的耕地不符合要求的,应按该办法足额缴纳耕地开垦费。建设单位应将耕地开垦费作为建设用地成本列入建设项目总投资。补充耕地不能实现"占水田补水田"或粮食产能要求的,可采取耕地提质改造方式落实耕地占补平衡。

2021年6月24日,《海南省人民政府办公厅关于推行耕地保护"田长制"的实施意见》(琼府办〔2021〕23号)发布。到2021年12月底,各市(县)"田长制"责任体系全面建立,相关配套制度基本形成,工作格局基本确立,实现耕地和永久基本农田保护责任全覆盖。到2023年,"田长制"配套制度进一步健全,工作机制进一步完善,确保全省耕地和永久基本农田数量不减少、质量有提升、布局基本稳定合理。"田长制"是耕地和永久基本农田分层级设置农田网格,建立以村为单位的网格化管理机制。以行政村为耕地和永久基本农田保护网格单元,市(县)、乡镇(区)、行政村主要负责同志分别为其辖区内耕地和永久基本农田保护一级、二级、三级田长。

2021年8月13日,《海南省关于严格管控耕地"非粮化"稳定粮食生产的十条措施》(琼府办〔2021〕41号)发布,要求严格执行耕地保护政策、严禁违规占用永久基本农田种树挖塘、坚持耕地利用优先序、稳定粮食种植面积、提升粮食综合生产能力、全面加强水稻生产功能区监管、切实保护种粮积极性、有序引导工商资本下乡等。

2022年4月29日,《海南省人民政府办公厅关于印发进一步加强耕地保护工作的若干措施的通知》(琼府办〔2022〕22号)发布,要求加强规划管控和用途管制、严格管控耕地"非粮化"、确保占补平衡数量和质量、加强动态监测和执法监督、强化耕地保护"党政同责"。

二、高标准农田建设

2017年6月19日,《海南省人民政府办公厅关于建立"七统一"机制推进高标准农田建设的指导意见》(琼府办〔2017〕96号)发布,要求统一责任主体、统一建设规划、统一建设标准、统一项目管理、统一资金管理、统一验收考核、统一后续维护。

2017年10月16日,《海南省人民政府办公厅关于印发海南省高标准农田建设项目管理暂行办法的通知》(琼府办〔2017〕155号)印发。高标准农田建设程序包括规划、实施方案、项目建设和竣工验收等环节。高标准农田建设项目实施方案编制应落实到具体项目、具体地块,明确目标、任务和建设时序安排,主要包括:本市(县)高标准农田建设现状、存量、建设条件和存在的问题;建设地点、建设标准、建设规模和建设内容;项目初步设计;投资概算和资金筹措;工程建设与管理;后续管护和措施保障。

《海南省高标准农田建设规划(2021—2025年)》将全省划分为琼北、琼中、琼南、琼东、琼西5个片区,结合片区粮食种植及热带高效农业发展实际,以生态高效、高质量发展为主线,以造大田、高效节水灌溉、耕地质量提升、农田污水治理等重点工程为牵引,以点带面、建管并重。规划注重坚持问题导向、目标导向,聚焦省委省政府重点工作部署,突出了五项重点内容:一是突出集中连片造大田,夯实"良田粮用"基础;二是突出土地综合整治,统筹推进建设;三是突出创新建设,推动高质量发展;四是突出建管并重,确保项目长期发挥效益;五是突出项目化,夯实项目落地基础。

三、保障粮食安全

2015年12月25日,《海南省粮食安全市县长责任制考核办法》发布。海南省政府对各市（县）政府落实粮食安全主体责任情况进行全面监督，对重点工作进行年度考核。考核内容：一是增强粮食可持续生产能力，包括保护耕地、提高粮食生产能力、保护种粮积极性等；二是落实粮食风险基金和地方粮食储备，包括落实粮食风险基金、落实地方粮食储备、加强储备粮监督与管理等；三是加强粮食流通能力建设，包括实施粮食收储供应安全保障工程、严格粮食仓储物流设施保护等；四是保障粮食市场供应，包括保障粮食市场供应、维护粮食市场秩序、加强粮情监测预警等；五是确保粮食质量安全，包括加强源头治理、健全粮食质量安全监管保障体系等；六是落实保障措施，包括落实相关部门工作责任等。

四、农业绿色发展

2021年12月31日，《海南省化学农药化肥减量实施总体方案（2021—2025年）》（琼府办〔2021〕74号）发布。到2025年，化学农药使用量较2020年减少15%，每年减量幅度不低于3%；建设360个农药化肥使用量监测点，建设180个病虫害监测点，绿色防控面积达到200万亩，统防统治面积达到450万亩，精准施药300万亩，控制除草剂和生长调节剂的使用250万亩，农药包装废弃物回收率达到90%以上。到2025年，化肥施用量较2020年减少15%，每年减量幅度不低于3%，推广测土配方施肥技术755万亩，推广有机肥423万吨，推广种植绿肥面积25万亩，推广水肥一体化技术面积55万亩，推广秸秆还田375万亩。因地制宜推广化学农药化肥减量增效技术，打造一批绿色蔬菜、绿色水果、有机茶、有机大米等农产品品牌，促进农业生产提质增效，种植业基本实现从数量型向质量型转变，海南农业绿色发展先行区建设取得重要进展。

第五节　封关运作对中国水稻产业的影响

一、封关运作对海南水稻产业的影响

（一）封关运作对海南水稻产业的有利影响

1. 降低水稻种植成本

海南自由贸易港全岛封关运作，水稻价格势必发生变化。除了国际进口量的增加对价格的影响外,还与岛内水稻种植成本下降有关。总体而言,封关运作带来以下变化:一是水稻种植相关生产要素进口的关税减免,这意味着能引入更多国际贸易商和供应链服务商,可为水稻种植者提供更多选择和供应渠道,进而降低水稻种植材料和生产设备采购成本。二是促进技术和知识交流与引进,这意味着引进更先进的种植技术、灌溉设备、肥料和农药等,以提高生产效率和降低成本。三是基础设施和物流网络改善,包括港口、道路和物流中心建设,将极大改善水稻种植者的物流和运输效率,减少运输成本和损耗。通过优化供应链合作,减少中间环节和交易成本,可降低水稻种植的总成本。

2. 增加供给多样性

国外不同品种和类型的稻谷及大米产品进入海南市场,丰富市场供给,促进市场的竞争和多样化发展,为海南消费者提供更多选择。海南稻谷及大米进口主要来自东南亚国家,与海南当地和我国其他省份种植的稻谷和大米相比具有不同品种特点和口感,能够满足海南当地居民及旅游消费者对不同口味和大米品质的需求,这将在一定程度上提高消费者的满意度,促进消费者对水稻及大米的需求增长。

3. 提高产品质量标准

更多品种和更多类型的大米产品进入海南市场,促进市场竞争,促使海南水稻产业通过提高效率、降低成本等手段来增强自身的竞争力。同时,面对国际市场高质量进口产品的竞争,海南水稻产业会主动或被迫加强技术创新、品种改良和生产管理,努力提高产品质量和市场竞争力,推动海南水稻产业向更高品质、更可持续和更高附加值的方向发展。封关运作在一定程度上使低质低效的种植户放弃了水稻种植,进而保留更多能够在技术上进行创新、在品种上加以改良、在生产管理上实施优化,且不断提高产品质量和竞争力的种植户,这在一定程度上又能够带动当地稻谷及大米产品质量提升。

(二)封关运作对海南水稻产业的不利影响

1. 市场竞争压力加大

海南市场稻谷和大米的种类会越来越多,市场竞争会更加激烈,海南水稻产业面临的市场竞争压力也随之增加。面对来自国外低成本、高质量大米的竞争,如果海南水稻生产成本相对较高或产品质量无法与进口产品匹敌,将会导致本地水稻产品市场份额减少,对农户和相关企业造成不利影响。

2. 价格压力增加

封关运作在一定程度上造成海南市场上稻谷及大米供应增加,面对进口水稻产品供给增加和更具竞争力价格,本地水稻销售价格会出现下跌,但海南水稻生产成本较高,这将对海南农民收入造成一定冲击。特别是对于依赖水稻种植为生的农户来说,稻谷及大米价格下跌会给其带来较大经济损失。

3. 农业结构调整困难

如果大量进口稻谷及大米进入市场,水稻种植农户和相关企业可能减少种植面积,农户可能还会撂荒土地。在耕地保护和耕作制度双重约束下,海南农民即便想要放弃种植水稻,也必将面临无其他作物可供选择的境地,因此,即便全岛封关运作对稻谷及大米产生冲击,也不会出现全部转种其他作物的情况。这也就意味着海南农户只有种植其他作物、减少季数、流转给大户等几种选择,这些并不能解决农业结构转型升级的实质性问题。

二、封关运作对我国海南以外省份水稻产业的影响

(一) 封关运作对我国海南以外省份水稻产业的有利影响

1. 产业发展转型升级

我国与进口的稻谷及大米在海南竞争,进口的稻谷及大米具有成本优势、口感优势,倒逼我国水稻产业节本增效。然而,我国其他省份调入海南的稻谷及大米与国际进口的稻谷及大米相比竞争力并不强,随着全岛封关运作的推进,国际市场稻谷及大米进口量会逐渐增加,而使海南本地和我国其他省份稻谷及大米受到进一步挤压,从而促进产业转型升级。

2. 品质的提升

通过与高品质进口水稻比较,我国农户和加工商可以借鉴其品质标准和加工流程,提高效率、降低成本,提高自身产品质量水平和加工工艺。海南全岛封关运作后,国际市场(特别是东南亚国家)进口的稻谷及大米势必增加。因而,对于我国其他省份想要向海南输入稻谷及大米的种植户、农业企业而言,学习借鉴国际稻谷及大米品质标准、加工流程、生产工艺,不断提升自身产品质量、市场竞争力是最好的解决方法。

3. 技术交流与学习借鉴

进口稻谷和大米来自不同国家或地区，其种植、加工和管理等方面可能具有先进技术和经验。受国际市场稻谷及大米种植、加工、管理的低成本压缩，我国稻谷及大米如果不能够尽快实现技术上的改进，将很容易失去现有的市场。因此，我国水稻产业可以通过与国际市场的技术交流和合作，学习和借鉴国际先进种植技术、农业管理经验和加工技术，提升自身生产效率、产品质量和竞争力，促进产业技术水平和创新能力提升。同时，国际市场竞争压力会激发我国水稻产业创新潜力，通过加大研发投入、推动新品种培育和新技术应用等，适应市场需求和提高产业竞争力。

（二）封关运作对我国海南以外省份水稻产业的不利影响

1. 市场竞争压力加大

在海南，我国其他省份的稻谷和大米将面临更多进口稻谷及大米的竞争，国内部分产区的大米在海南的销售空间可能会受到挤压，特别是对于一些质量、价格不占优势产区的稻谷和大米，将会影响其盈利能力和市场份额。

2. 农民收入下降

由于海南自由贸易港进口大米供给增加，面临市场竞争加剧和价格下跌，我国其他省份缺乏竞争力的水稻种植户可能面临收入下降风险。尽管收入变化可能并不明显，但对于种植水稻本不赚钱的农民而言，无疑是影响颇大的，较低的水稻价格可能使农民销售收入减少，进而影响他们的生计和生活质量，这可能导致一些农民放弃水稻种植或寻找其他收入来源。

第五章 海南省粮食安全可持续发展的战略思路

第一节 海南省在国家粮食安全可持续发展中的地位与作用

一、海南省是热带特色优质农产品的重要生产区域

海南作为中国唯一的热带岛屿省份,自然禀赋奠定了其在我国粮食安全可持续发展中的重要地位和作用。海南光温充足、雨量充沛、湿度适宜,空气质量位于全国前列,自然资源得天独厚,生态环境一流,水质良好,土壤少有重金属污染,具备生产绿色、安全、无污染热带农产品的优越条件。2010年发布了《国务院关于推进海南国际旅游岛建设发展的若干意见》(以下简称《意见》),将海南国际旅游岛建设上升为国家战略。《意见》中的六大战略定位之一就是将海南建设成为"国家热带现代农业基地",充分发挥海南热带农业资源优势,大力发展热带现代农业,使海南成为全国冬季菜篮子基地、热带水果基地、南繁育制种基地及"无疫区"下的畜牧业基地,提升了海南省农业发展的战略性地位。2013年4月,习近平总书记在视察海南时强调,要使热带特色农业真正成为优势产业和海南经济的一张王牌。2018年4月13日,习近平总书记在庆祝海南建省办经济特区30周年大会上的讲话中指出:海南是我国唯一的热带省份。要实施乡村振兴战略,发挥热带地区气候优势,做强做优热带特色高效农业,打造国家热带现代农业基地,进一步打响海南热带农产品品牌。《关于支持海南全面深化改革开放的指导意见》赋予海南经济特区改革开放新的重大责任和使命,也为海南深化改革开放注入了强大动力,这些是海南发展面临的新的重大历史机遇。

(一)菜篮子基地

海南建省30余年以来,冬季瓜菜是丰富中国冬春季节菜篮子的重要来源,远

销全国 200 多个大中城市。近年来，海南省不断优化和调整农业产业结构、产品结构和品质结构，使冬季瓜菜的种植面积从 1990 的 45 万亩扩大到现在的 300 万亩左右，冬季瓜菜产量也由 1990 年的 60 万吨增至 2022 年的 600 多万吨，出岛量达到 500 万吨左右，超过总产量的 70%以上。

（二）果盘子基地

海南省热带水果种类繁多，拥有 29 科 53 属 400 余个品种的水果，主产品种有香蕉、杧果、菠萝、火龙果、荔枝及龙眼等。2022 年海南热带水果种植面积 204 578 公顷，收获面积 170 736 公顷，产量 3 879 499 吨。其中，菠萝产量占全国总产量的 25.76%，居全国第二位；火龙果产量占全国总产量的 18.05%，杧果产量占全国总产量的 19.59%，荔枝产量占全国总产量的 7.53%，均居全国第三位；香蕉产量占全国总产量的 9.74%，居全国第四位；龙眼产量占全国总产量的 3.03%，居全国第五位。虽然海南省热带水果种植规模不是全国最大的，但其上市时间全国最早，经济效益较好，现已建成相对完善的产前、产中、产后综合配套服务体系，产业基地初具规模。

（三）畜牧业基地

海南独特的气候资源环境形成了具有鲜明地方特色的畜禽种质资源，如文昌鸡，其体形方圆，脚胫细短，皮薄骨酥，肉质香嫩，营养丰富，具有色、香、味、营养俱佳的特点；海南猪具有早熟、耐粗饲、抗病力强、易肥、皮薄、骨细、瘦肉胶质高、肉质结实等优点；黑山羊具有耐粗饲、耐高温高湿、抗病力强、性成熟早、肉用性能好等优点。这些品种为我国畜禽种业自主创新发展提供了坚实的基础。此外，海南无规定动物疫病区的建成，以及动物疫病控制体系、动物防疫监督执法体系、动物疫情监测体系、动物防疫屏障体系、良种繁育体系和标准化体系的不断完善，较好地控制了口蹄疫、禽流感、新城疫、猪瘟等重大动物疫病，为企业畜禽安全养殖提供了保障。无规定动物疫病区已成为海南畜禽产品"走出去"的金字招牌。2022 年，海南省畜牧业总产值 340.41 亿元，同比增长 3.0%，占农业总产值的比例约 14.98%，位列全国第二十五位；生猪年末存栏 323.35 万头，同比增长 4.1%，年内出栏 410.21 万头，同比增长 7.3%，猪肉产量 33.85 万吨，同比增长 10.9%；牛年末存栏 47.01 万头，同比减少 2.31%，年内出栏 21.43 万头，同比减少 4.37%，牛肉产量 20 208 吨，同比减少 5.31%；山羊年末存栏 59.33 万只，同比减少5.57%,年内出栏76.70万只,同比减少3.66%,羊肉产量10 710吨,同比减少3.62%;家禽出栏量17 802.78万只,同比减少1.90%,禽肉产量314 706吨,同比减少2.54%,禽蛋产量59 148吨,同比增长17.92%。近年来,海南各市(县)积极推动农产品品牌打造,逐步形成了文昌鸡、屯昌黑猪、保亭什玲鸡、石山壅羊、临高乳猪、五指山五脚猪、东山羊、白莲鹅、东方黑山羊等一批品质较高的地理标志产品。

(四) 水产品基地

海南海洋资源丰富,光温充足、水质优良,具有发展现代渔业得天独厚的优势。海南现代渔业主要分布在琼海、临高、儋州、文昌、澄迈等市(县)。海洋捕捞以琼海、临高、儋州为主。海水养殖以文昌、儋州、万宁、临高为主,主要养殖石斑鱼、南美白对虾、牡蛎等品种,其中,石斑鱼产量占全国石斑鱼总产量的32.59%,南美白对虾产量占全国总量的5%。淡水养殖以文昌、澄迈、儋州、琼海、万宁等为主,主要养殖罗非鱼,产量占全国总产量的19.19%。海南现代渔业发展迅速,2022年,海南水产品产量达171.18万吨,同比增长4.3%,其中,海水养殖收获26.26万吨,淡水养殖收获41.95万吨,海洋捕捞产品101.79万吨,占水产品总量的59.46%;渔业经济总产值601.44亿元,其中,渔业产值466.57亿元,占农林牧渔总产值的20.54%,同比增长3.6%,渔业经济发展呈现持续向好态势。

二、海南省是国家粮食安全体系的"种子库"

习近平总书记在庆祝海南建省办经济特区30周年大会上的讲话指出:要加强国家南繁科研育种基地(海南)建设,打造国家热带农业科学中心,支持海南建设全球动植物种质资源引进中转基地。每年的9月到翌年5月,全国近30个省(区、市)800多家科研院所、高等院校及科技型企业的8 000多名农业科技专家、学者到海南从事南繁工作。从杂交水稻、高产玉米到抗虫棉,我国已育成的农作物品种中70%以上经过了南繁基地的培育,为保障国家粮食安全、重要农产品有效供给和推动农业科技创新作出了重大贡献。目前,整个南繁科研育种基地已经划定科研育种保护区26.8万亩,24.26万亩高标准农田建设完成,生物育种专区已经完工,南繁基地基础条件和质量水平进一步提升。

三、海南省是中国热带农业"走出去"的前沿阵地

中国热区小,世界热区大。2017 年农业部启动了农业对外开放合作试验区的申报工作,首批全国评定了 10 家,其中海南省有 2 家,分别是琼海农业对外开放合作试验区、热带农业对外开放合作试验区,目前,三亚市正在积极申报农业对外开放合作试验区。农业对外开放合作试验区是指在农业对外合作部际联席会议机制统筹下,由农业农村部牵头认定,以地方自主建设为主要形式,以涉农开放政策集成试验、外向农业发展模式探索及农业领域引资引智引技为重点任务的综合性农业园区。农业对外开放合作试验区有利于将海南打造成为种业集成创新中国芯、《区域全面经济伙伴关系协定》(RCEP)农业合作交会区、全球涉农制度创新试验地,成为农业对外开放和现代都市开放型农业发展的桥头堡和示范区;有利于在海南形成"买全球、卖全球、双循环"的国际农产品大流通格局,形成热带农业全方位开放格局,助力解决水产、畜禽、农作物等种业"卡脖子"问题,提升种业国际影响力;有利于在海南构建稳健高效的国际热带农产品供应链,推进热带农业供给侧改革,全面释放自由贸易港在国际合作规则对接上的独特优势,逐步凸显引领示范效应。

四、海南省是"一带一路"热带国家农业合作的重点区域

习近平总书记在第三届"一带一路"国际合作高峰论坛开幕式上的主旨演讲中提到:"一带一路"合作从亚欧大陆延伸到非洲和拉美,150 多个国家、30 多个国际组织签署共建"一带一路"合作文件。150 多个国家中有约 100 个是热带国家,热带农业是热带国家的重要支柱产业。热带农业科技创新是应对贫困和发展挑战的关键,可充分发挥热区生产潜力,促进热带国家经济发展。海南积极推动热带特色高效农业高质量发展,加强与共建"一带一路"国家在农业领域务实合作,大力推动农业对外开放合作试验区建设。例如,建设中国(海南)—柬埔寨热带生态农业合作示范区等;搭建中非热带农业合作平台,在海南已经连续举办了两届中非农业合作论坛。参与共建"一带一路"以来,中央驻琼科研院所中国热带农业科学院围绕非洲国家热带农业生产实际需求,在天然橡胶、木薯、腰果、油棕等热带作物品种选育、高产栽培、产品初加工等领域开展科技合作,研发出适宜本土化的品种 60 多个、实用技术 200 多项;同时,中国热带农业科学院以科技为支撑,向亚非拉及太平洋地区的 20 多个国家,成功推广木薯、香蕉、油棕、沉香等作物的配套技术,

还派出多名农业专家开展热带农业生产调研和技术指导，并接收外国青年科学家来中国开展学习交流。

第二节 海南省粮食安全可持续发展的战略思路

一、将海南省打造成为大食物观先行区

海南作为全国"菜篮子""果盘子""糖罐子""肉案子""鱼盘子"基地，在保障粮食和重要农产品稳定安全供给上，既有独特的资源禀赋和农业产业结构优势，也有耕地资源紧缺的现实困境。要深入学习贯彻习近平总书记关于树立大食物观的重要论述，树立大农业、大食物观念，推动粮经饲统筹、农林牧渔结合、种养加一体、一二三产业融合发展。海南要准确把握人民群众食物结构变化趋势，及时回应人民群众对美好生活的向往，结合自身资源优势和现实困境，全力打造践行大食物观先行区。

（一）坚决守住底线，构建多元化食物供给体系

海南省热带农业资源独具特色，但目前特色产业规模不大，"小而全"的问题比较突出，低效产业仍占较大比重，产业链不长，农产品附加值不高，资源优势没有完全转化为产业经济优势，农业产业结构亟待调整优化。按照资源禀赋优先、经济效益优先、生态循环优先的原则，结合海南农业发展现状和农业资源分布情况，合理布局种植业、养殖业、加工业及休闲农业，形成全省特色鲜明、比较优势突出、同市场需求相适应、同资源环境承载力相匹配的现代农业生产结构和区域布局。秉承宜粮则粮、宜经则经、宜牧则牧、宜渔则渔、宜林则林的理念，培育壮大南繁种业，做精做优瓜菜产业，加快发展热带水果，稳定发展热带作物，调优水稻，发展山地特色农业，调整优化种植结构。依据合理划定的禁养区、限养区和宜养区，按照"稳猪、促禽、增牛羊"的思路，稳定生猪养殖规模，促进禽类养殖发展，扩大肉牛肉羊养殖规模，加快发展奶牛产业，调整优化养殖结构。合理开发海洋资源，优化空间布局，加强海洋自然保护区和海洋生态功能区建设，发展现代海洋经济。压缩小型渔船数量，整治"三无"渔船，严控近海捕捞。建设国家热带水产苗种繁育及供应基地，推动罗非鱼、对虾等水产健康养殖，以及乐东、临高等地深水网箱养殖业发展，提高水产品出岛出口能力。立足林、果、蔬、畜、糖、海等

特色资源，全方位、多途径开发食物资源，在保障海南粮食尤其是口粮有效供给的基础上，加快构建多元化食物供给体系。注重现代农业科技和农业设施的研发与运用，加强科技创新，加强热带作物种质资源保护利用，加快农业生产和资源利用技术创新升级，充分释放农业生产的活力，深入挖掘食物产业链潜力，为海南树立和践行大食物观奠定坚实基础。

（二）坚持人民至上，满足人民日益增长的美好生活需要

2022年3月6日，习近平总书记在看望参加全国政协十三届五次会议的农业界、社会福利和社会保障界委员时强调：要树立大食物观，从更好满足人民美好生活需要出发，掌握人民群众食物结构变化趋势，在确保粮食供给的同时，保障肉类、蔬菜、水果、水产品等各类食物有效供给，缺了哪样也不行。

树立和践行大食物观，必须全力提升粮食和重要农产品供给能力，推动粮食供给结构持续优化。要在品种培优、品质提高、品牌打造、品位提升、品相升级和标准化生产上下功夫，提高食物产量、提升食物质量、丰富食物种类，既保数量，又保种类、质量，从"吃得饱、吃得好"向"吃得营养、吃得健康"方向转变，不断满足人民群众的丰富饮食需求。促进各种食物资源协同开发，要向森林要食物，向江河湖海要食物，向设施农业要食物，同时要从传统农作物和畜禽资源向更丰富的生物资源拓展，发展生物科技、生物产业，向植物动物微生物要热量、要蛋白。除了保障"主粮"的供给，更要确保肉蛋奶、水果蔬菜等"副食"的有效供给，将农、林、山、河、湖、草、海视为大自然生态共同体，在不破坏生态安全的前提下，全方位开发并获取粮食资源，加快构建多元化食物供给体系，回应人民群众多样化的食物消费需求。要推动粮食"产购储加销"全链条协同发力，畅通岛内外流通渠道，做好"米袋子""菜篮子""果盘子""肉案子""鱼盘子""糖罐子"等培育与提升工程，构建安全稳定的食物供应链，强化食物产业链供应链韧性，坚决守住"海岛粮仓"。

二、将海南省打造成为整产业链示范区

当前，海南农业发展正在发生至少4个转变：一是加强顶层设计，实现从"打工经济"向"创业经济"的思维转变；二是创新经营组织，实现从"零散经济"向"聚合经济"的方式转变；三是注重技术革新，实现从"传统农业"向"现代产业"的体系转变；四是强化价值增值，实现从"产品经济"向"产业经济"的

模式转变。海南必须抓住新的发展机遇，树立农业全产业链融合理念，从现代种养、加工流通、物流配送、品牌营销、电子商务、休闲旅游、健康养生等全产业链融合角度出发，培育热带特色农业新业态，集群成链、全链统筹，提升产业附加值。

（一）建设高产高效生态示范基地

依托优势粮食产业，建设一批优势突出、特色明显、集中连片、生态循环的种养业示范基地，从源头上保证全产业链开发原料供给和农产品质量安全。建设高标准农田、现代化种苗繁育基地、园艺作物标准园、畜禽标准化规模养殖场（小区）、标准化养殖池塘、废弃物综合利用与资源化无害化处理设施、生产附属配套设施及相关仪器设备，引进新品种、新技术，对示范基地的农户进行技术培训等。探索农民股份合作新机制，引导建立与基地农户、农民合作社"保底+分红"等利益联结机制。

（二）建设粮食产品产后初加工车间

围绕粮食产品产后减损增收、提高质量安全水平，聚焦分类分拣、分等分级等关键环节，建设商品化处理全产业链条，重点支持农户和农民专业合作社改善粮食产品产后净化、分等分级、烘干、预冷、保鲜、包装等设施装备条件，以及购置运输、称重、检验化验、污水处理等辅助仪器设备，强化产后薄弱环节和关键环节基础设施条件建设，促进各环节设施的优化配套，做实做强产业链、价值链和产品链，实现粮食产品产后优质优价与产业提质增效。

（三）建设粮食产品田头贮藏设施

着眼于打通粮食产品流通"最初一公里"，支持龙头企业、农民合作社等新型经营主体建设田头收贮设施，购置收贮及处理设备，其中，收贮设施建设主要包括气调库、预冷库、低温库、贮藏窖、原料堆场、烘干车间、窖池、成品堆场等，以及设备购置安装与配套的供水、供电、道路设施；收贮设备主要包括收获、捡拾、打捆、运输、粉碎、压块、裹包、称重、装卸等机械设备，升级改造一批已建成的田头贮藏设施，提升产后农产品贮藏保鲜烘干能力，实现农产品"存得住、运得出、卖得掉、赚得到"。

（四）创新开展粮食产品品牌营销服务

发展农社对接、农超对接、直销直供等现代流通新业态，探索创新服务农业生产营销新方式。支持流通企业拓展产业链条，引导经销商和经纪人向实体化、规模化、产业化与品牌化发展。建设产地粮食产品营销公共服务平台，推广农民合作社、农业企业等形式的产销对接。发展"互联网+农业"，培育农业电子商务市场主体，建设电子商务平台，创新农产品电子商务模式和运营机制。支持以优势企业、产业联盟和行业协会为依托，培养一批市场信誉度高、影响力大的区域公用品牌、企业品牌和产品品牌。

（五）创新粮食产业经营体系

培育壮大新型农业经营主体，鼓励和支持家庭农场、农民合作社、龙头企业等新型经营主体承担全产业开发创新示范任务，推进产业链多元主体参与，共享发展成果。发展多种形式的适度规模经营，引导农户依法采取转包、出租、互换、转让、入股等方式流转承包地，扩大耕地面积，提高机械化作业水平。加快培育农业经营性服务组织，开展政府购买农业公益性服务试点，积极推广合作式、托管式、订单式等服务形式。发展农业生产性服务业，鼓励开展代耕代种代收、大田托管、统防统治、烘干储藏等市场化和专业化服务。

（六）拓展粮食产业功能

积极发展休闲采摘农业、休闲旅游农业、休闲体验农业、休闲观光农业、健康养生农业等，将粮食产业价值形成从卖产品单一路径拓展到卖体验、卖教育、卖文化、卖景观、卖产品等多维路径。将粮食产业发展与现代新型产业进行融合，将粮食产业作为休闲旅游、健康养生的一部分进行谋划，农业景观与产品镶嵌到休闲旅游、健康养生等产业之中，开发旅游粮食产品、养生粮食产品、功能粮食产品等。

三、将海南省打造成为全绿色化示范区

在中国特色社会主义进入新时代的大背景下，海南围绕中共中央赋予的全面深化改革开放的重大历史使命，全力打造国家生态文明试验区，海南热带特色高效农业绿色发展理应走在全国前列。

（一）集成推广农业绿色技术

实施高标准农田建设工程，提高粮食生产能力；制定工程措施与农机农艺融合的技术方案，因地制宜提升耕地地力；推行管灌、喷灌、微灌等工程节水措施，推广全膜覆盖集雨保墒、膜下滴灌、水肥一体化等农艺节水技术；集成推广土壤调理剂、绿肥还田等技术模式，逐步实现酸化耕地降酸改良；探索构建土壤健康指标体系，分类分区开展评价，有序推进受污染耕地、退化耕地治理。

深入实施化肥减量行动，推进测土配方施肥，示范推广缓释肥、水溶肥等新型肥料，推进有机肥替代化肥，鼓励整市（县）推行统测、统配、统供、统施"四统一"服务。加快构建区域农作物病虫害监测预警系统，扶持发展专业化防治组织，大力推进病虫害统防统治，推广高效低风险农药，集成应用绿色防控技术和新型植保机械，促进绿色防控与统防统治融合发展。

大力推进标准化规模养殖，推广节水节料饲喂、节水清粪等实用技术装备，实现源头减量。支持开展畜禽粪污资源化利用整市（县）推进，建设粪肥还田利用种养结合基地，加强规模养殖场粪污资源化利用计划和台账管理。因地制宜推广堆沤肥、沼气发酵、异位发酵床等粪污处理技术，建设田间贮存和输送管网设施，推进管网式、拖管式等施肥方式，加快推进畜禽粪肥机械化还田利用，开展畜禽养殖业氨排放控制，协同推动氨气等恶臭物质治理。打造绿色种养循环农业模式，推动畜禽粪污由"治"向"用"转变。

在秸秆资源丰富的市（县）全域开展秸秆综合利用行动，以肥料化、饲料化、能源化为主攻方向，确保秸秆综合利用率达到90%以上。建立秸秆资源台账数据平台，进一步摸清资源底数。因地制宜推广秸秆深翻粉碎还田、腐熟有机肥还田等技术，加快秸秆腐熟菌剂和复合菌剂等配套产品开发应用，提高秸秆科学还田水平。鼓励养殖场和企业利用秸秆青贮、黄贮、微贮等饲料化利用技术，打捆直燃、成型燃料等能源化利用技术，食用菌基质、栽培基质等基料化利用技术，以及纸浆、人造板材、可降解器具等原料化利用技术，促进秸秆产业化、高值化利用。建设一批秸秆综合利用展示基地，推广应用可操作可落地的秸秆利用模式。按照合理运输半径，建设市（县）有龙头企业、乡镇有收储组织、村有收储网点的秸秆收储运体系。

以用膜大市（县）为重点，开展农膜回收利用行动，推广加厚高强度地膜，集成应用地膜机械捡拾、适期揭膜等高效回收技术。针对进行地膜覆盖的作物，在开展应用效果评价基础上，有序推广全生物降解地膜使用。因地制宜推广废旧农膜再生造粒等资源化利用技术。依托县、乡、村三级农资销售服务网络和经营服务网点，拓展农药包装废弃物、废旧农膜回收等业务，落实农药农膜生产、经销主体回收处置责任，推动将没有利用价值的废旧农膜纳入农村垃圾收集处置体系。

制定农业减排固碳实施方案，因地制宜推广应用稻田水分管理、农田氮肥减量增效、牛羊精准饲喂、渔船渔机节能等减排技术，推动种植业、养殖业、农副产品加工业等行业清洁能源替代。选育推广高产、优质低碳农作物品种和高产低排放畜禽品种，降低单位产品甲烷排放强度。加快改造农业机械设备，淘汰老旧农机装备，推广新型节油节能农机装备。鼓励有条件的市（县）建设规模化沼气（生物天然气）工程，利用设施棚顶等发展光伏农业，推进可再生能源利用。

（二）加快培育农业绿色主体

鼓励龙头企业、农民合作社、家庭农场等牵头建设一批产地绿色、产品优质、产出高效的生态农场，力争每个市（县）建成1家以上国家级生态农场，示范带动建成10家以上地方生态农场。支持生态农场围绕耕地质量保护与提升、化肥农药减量增效、田园生态系统建设、农业废弃物资源化利用等，形成一套生态农场技术规范，总结推广一批生态农业建设技术模式和设施装备，培育一批各具特色的生态农业企业品牌、产品品牌。

推动实施农业社会化服务项目，培育一批为小农户提供统防统治、代耕代种的社会化服务组织。推广现代农业技术服务平台、现代农业综合服务中心等模式，提供线上线下结合、全产业链贯通、低碳有机生态的现代农业综合解决方案。引导农业企业参与建设区域性绿色农业服务示范中心（站），推广绿色投入品，推行绿色生产技术，开展绿色生产全程服务，带动更多小农户和新型农业经营主体参与农业绿色发展。引导平台企业、物流商贸等到乡村布局，依托农村综合服务社、村邮站、移动网点、快递网点等发展电商服务网点，推动绿色优质农产品出村进城。

深入实施新型农业经营主体培育提升行动，鼓励家庭农场、农民合作社采用科学用药、高效用水、合理用肥等绿色生产技术，率先开展全程标准化生产。综合运用现场观摩、田间学校等方式，依托云课堂、视频会议等信息化手段，加强新型农业经营主体绿色技能培训。

引导龙头企业研发应用减排减损技术和节能装备，开展减排、减损、固碳、可再生能源替代等示范，各市（县）打造一批绿色低碳标杆企业。引导龙头企业积极

第五章　海南省粮食安全可持续发展的战略思路

参与畜禽粪污资源化利用整县推进、农村沼气工程、生态循环农业、绿色农业生产资料应用示范田、氨气等恶臭物质排放控制等项目，加快龙头企业畜禽粪污处理全覆盖。鼓励龙头企业搭建绿色生产服务平台，通过基地建设、生产托管、订单合作等方式为农户提供绿色生产经营全程服务。

（三）探索构建农业绿色政策支持体系

鼓励有条件的市（县）聚焦耕地资源保护、农业废弃物资源化利用、农业环境突出问题治理等重点任务，制定针对性扶持政策，加快构建促进农业可持续发展支持政策体系。探索耕地地力保护补贴与保护行为相挂钩的补贴发放方式，鼓励农民采取秸秆还田、有机肥施用、加厚高强度地膜和生物可降解地膜使用等措施，提高补贴精准性。实施农机购置与应用补贴政策，实行与农机作业量挂钩的分年度兑付补贴资金的操作方式，指导开展报废更新补贴，加快耗能高、污染重的老旧农机淘汰，开展土壤健康等绿色指数保险试点。

鼓励全域推进品种培优、品质提升、品牌打造和标准化生产提升行动，示范引领农业全面绿色转型。鼓励各市（县）实施地理标志农产品保护工程，建设现代农业全产业链标准化基地，强化质量安全监管和品牌打造，推行食用农产品承诺达标合格证制度，强化乡镇农产品质量安全网格化管理，严厉打击禁限用药物使用行为，严格管控常规农兽药残留超标问题，扩大农业生产、储运、加工全程质量追溯覆盖范围。实施绿色农业生产资料品牌行动，以技物结合为导向，围绕区域农业生产特点，培育一批绿色农资综合服务品牌。

支持符合条件的市（县）创建现代农业产业园、优势特色产业集群、农业产业强镇等，打造一批绿色优质农产品生产基地，推进加工产能绿色低碳改造，提升全产业链效益。完善农产品仓储冷链保鲜基础设施，推广农产品绿色电商模式，降低流通成本及资源损耗。认定一批休闲农业重点县、美丽休闲乡村，打造一批以绿水青山为主题的乡村休闲旅游精品景点线路。建设集绿色技术咨询、物流配送、农产品质量追溯、社会化服务等于一体的智慧服务平台。

（四）积极创新粮食产业绿色发展机制

统筹推进粮食生产"三品一标"（品种培优、品质提升、品牌打造和标准化生产）和粮食产品"三品一标"（绿色食品、有机产品、达标合格农产品和农产品地理标志），建立健全优质农产品品质评价体系，完善优质农产品分等分级制度，建设优质农产品生产基地，推进绿色优质农产品优质优价。鼓励符合条件的地区创建国家有机食品生产基地，统筹推进农业绿色发展和农业面源污染防治。因地制宜发展有机农产品生产、乡村旅游、休闲农业、绿色康养等产业，推动乡村自然资本加快增值。研究建立农业生态产品价值核算体系，完善农业生态产品确权、量化、评估方法，探索农业生态产品价值有效实现路径。

研究建立减排固碳和核算论证体系，探索开发果园、沼气、农田等农业碳汇项目，促进农业绿色低碳生产转化为碳汇交易产品。鼓励支持企业参与农田碳汇交易。

建立农业绿色发展评价指标体系，开展农业污染源调查，加强农业面源污染监测，开展入水体污染物浓度和流量监测，评估农业面源污染负荷，定期对各市（县）开展监测评价。建立农业产业绿色发展负面清单，将清单与项目申报、奖评参选等挂钩，严格约束浪费农业资源、过量使用农业投入品、污染农业环境等行为。健全国家农产品质量安全追溯管理平台，推动省、市（县）对接，实现岛内全覆盖。构建多部门联合监管机制，严格执行农业资源环境保护、农产品质量安全、农业投入品生产使用等领域法律法规，压实农业生产经营主体责任。

四、将海南省打造成为高附加值示范区

海南热带农业资源宝贵，热带农产品生产机会成本较高，在有限的耕地资源下，传统农产品生产与销售模式对进一步促进农民增收、农业可持续发展越来越难，必须走高附加值发展路径，才能形成可持续发展模式。

（一）挖掘资源禀赋，提升热带特色农业资源附加值

稀缺性是决定价值的一个重要方面，价格是价值在市场中的具体体现。热带特色农业是指利用独特的热带农业资源开发出具有特殊价值的稀缺产品的现代农业产业。因此，提升热带特色农业附加值应立足农业资源禀赋，挖掘稀缺资源的价值。海南应该发挥全域气候资源优势，生产"你无我有"的绿色、有机特色高端农产品，培育特色优势产业，把特色气候资源有效转变为高附加值的农产品。充分挖掘富铁、富硒、富锌等地质资源优势，生产功能性特色农产品，把特色地质资源转化为高附加值特色农产品。充分挖掘珍、野、稀、名、特物种资源优势，培育山兰稻、节仔米、紫贝赤稻等传统特色农产品，把物种资源转化为高附加值的特色产品。

(二) 强化科技创新，提升热带特色农业技术附加值

科技创新是提高产品附加值的有效途径，是做强做优产业的关键。发展高附加值特色农业必须提高科技支撑能力。应统筹政府、企业、市场等资源，针对热带特色产业发展需求，鼓励中国热带农业科学院、海南省农业科学院等科研院所以及海南大学、海南热带海洋学院等高校建设特色农业实验室，开展热带特色农业基础研究和应用基础研究；鼓励企业建设技术创新中心，开展热带特色农业应用技术研究；鼓励产学研结合建设产业研究院，开展配套技术集成与应用示范，为热带特色农业发展提供成熟配套技术。统筹高校、科研院所、企业等科技人才，以各类创新平台为载体，组建涵盖热带特色农业产业链条关键环节的技术创新团队，开展制约产业发展的关键技术攻关，研发一批新品种、新产品、新技术、新工艺，不断提升热带特色农业附加值。

(三) 培育品牌优势，提升热带特色农业品牌附加值

品牌是热带特色农产品实现市场价值的有效载体。推动高附加值热带特色农业发展，离不开品牌培育。海南省出台了《海南省农业品牌建设的指导意见》《海南农产品公用品牌建设三年行动方案》《海南农业品牌发展规划（2022—2025年）》等文件，同时海南省农业农村厅也出台《海南省热带特色高效农业全产业链培育发展三年（2022—2024）行动方案》，明确海南2022—2024年聚焦农业主导产业，实施水稻、冬季瓜菜、水产养殖、天然橡胶、南繁种业等17个产业全产业链培育发展任务。加快推进农业品牌数字化，海南推出全国首个公用品牌数字化管理系统，即农业品牌码。农业品牌码构建成一个"11153"行动框架，即一个区域品牌大脑，一个产业数据中心、一套品牌政策推广机制、五大智能化应用体系、三大支撑体系。目前已经成功打造"海南鲜品"省级全品类农产品区域公用品牌，培育了"海南芒果""海南咖啡""五指山大叶茶"等12个省级单品的农产品区域公用品牌，市（县）优质农产品区域公用品牌20个，知名企业品牌22个。培育绿色、有机、地理标志农产品，累计获得"两品一标"有效期内农产品121个。正在加快"文昌鸡""三亚芒果""海口火山荔枝"等10个单品类公用品牌建设。未来须加快形成以区域公用品牌为核心、企业品牌为支撑、产品品牌为基础的热带特色农业品牌体系，提升热带特色农业品牌市场价值。加强热带特色农业品牌保护体系建设，建立健全热带特色农产品品牌目录制度，明确热带特色农产品品牌运营主体及

其职责，积极开展热带特色农产品品牌推介活动，打击假冒原产地证书、标识以及盗用、套用、滥用品牌等违法行为，提升热带特色农业品牌的认知度、美誉度，扩大其市场影响力和竞争力。

（四）推动产业融合，提升热带特色农业文化附加值

产业融合和文化创意对于附加值的提升具有重要作用。发展高附加值热带特色农业，必须跳出"重抓基地生产、轻抓创新加工、少抓产品营销"的传统发展思维，应按照"强一、接二、连三"的思路，发展壮大高附加值热带特色农业。要注重赋予热带特色农业更多文化内涵，将文化创意与热带特色农业要素相融合，开发、拓展传统农业功能，深入挖掘热带特色农业的经济价值、生态价值、社会价值和文化价值，提升热带特色农业附加值。在这方面，可以借鉴日本的茨城红薯主题农场经验，依靠一个最强单品和一家关键企业给出了一种产业助力乡村振兴的可能性；也可以借鉴位于澳大利亚昆士兰州的姜工厂乐园的经验，挖掘农耕文化内涵，使特色农产品及其生产过程具有更多文化特色。

（五）创新营销模式，提升热带特色农业服务附加值

从产业价值链来看，处于产业链下游环节的服务业是决定产品差异化程度和提升附加值的关键环节。鉴于此，应围绕热带特色农业，大力发展生产研发服务、生产信息服务、生产经营服务、生产流通服务等生产性服务业。创新营销业态，将技术、教育、人文等元素融入热带特色农业，发展共享农庄、体验农场、创意农业和社区农业等新业态，通过新业态、新功能、新服务提升热带特色农业附加值。充分利用信息技术，鼓励热带特色农业电商发展，创建热带特色农产品线上营销平台，实现线上线下互动，不断拓宽营销渠道，提升热带特色农产品市场知名度。扶持热带特色农业产业化联合体发展，探索创新企业、合作社与农户等生产经营主体间的利益联结机制，以联合体的方式提升产品质量和产业附加值。

五、将海南省打造成为开放合作示范区

要实现海南省粮食安全可持续发展，必须合理利用国内、国外两个市场与两种资源，调入产销缺口较大的粮食、草食动物及其产品、森林食品等，向外输出果蔬、水产品等具有发展动力与发展优势的农产品，依靠开放合作实现互惠共赢，实现粮食安全与农民持续增收。

(一) 强化政策协同

各级涉农部门在制定热带农业发展政策和规划时，要充分考虑并关注海南与共建"一带一路"热带国家农业合作的相关要素，强化市场对接，进一步在自由贸易港以及《区域全面经济伙伴关系协定》（RCEP）两套开放体系内，叠加零关税、原产地、加工增值政策，促进海南与共建"一带一路"热带国家间粮食产品要素的双向流动，实现区域产业链、供应链、价值链的深度融合。

(二) 强化经贸投资

共同培育重点粮食产品全产业链，发展粮食产品精深加工，支持建设高水平的热带粮食作物产业园，构建更加广泛的热带粮食产品贸易伙伴网络，积极推动更多"产、供、销、服、研"一体化的粮食产品产业化项目落地，不断延伸和提升热带粮食作物产业链、价值链。

(三) 强化科技合作

发挥海南南繁种业创新优势，发挥中国热带农业科学院、海南大学、海南省农业科学院等科研院所的科技优势，打造中国（海南）—东盟、中国（海南）—非洲、中国（海南）—南太平洋岛国、中国（海南）—拉丁美洲热带农业科技合作的试验田，不断拓展区域内热带农业科技交流合作，探讨热带农业绿色可持续发展的合作路径，以科技力量提升全球热带农业发展的韧性和可持续性，助力全球粮食安全。

第三节 海南省粮食安全可持续发展的战略路径

一、科技驱动：开新篇

海南水土丰沛，气候宜人，是国家南繁育种基地，但由于种粮食的平地面积不足，旅游和务工等流动人口连年增加，海南的粮食多年来年均缺口300多万吨，粮食不能自给自足，常年靠岛外补给。习近平总书记强调，解决吃饭问题，根本出路在科技。因此，要保证海南粮食安全，首先要提高科技创新能力。

(一) 高水平建设"南繁种业硅谷"

1. 强力支撑"种源安全"

种源安全关系到国家安全,必须下决心把我国种业搞上去,实现种业科技自立自强、种源自主可控。要发挥我国制度优势,科学调配优势资源,推进种业领域国家重大创新平台建设,加强基础性前沿性研究,加强种质资源收集、保护和开发利用,加快生物育种产业化步伐。要深化农业科技体制改革,强化企业创新主体地位,健全品种审定和知识产权保护制度,以创新链建设为抓手推动我国种业高质量发展。大力推进种业科技革命、绿色革命、质量变革、企业变革和管理变革,加快构建中国特色现代种业创新体系,实现新时代种业发展新格局,为国家粮食安全高质量发展提供有力支撑,始终确保中国人的饭碗主要装"中国粮","中国粮"主要用"中国种"。

2. 做大做强"海南好米"

(1) 选出"一粒种",5年选出24个金奖品种

凭借得天独厚环境,海南成为我国重要农作物种子繁育"大本营",国内大部分优质大米品种均在南繁加代。然而,无论是省外市场,还是海南本地市场,均鲜见海南本土种植的优质大米。粮稳天下安,良种是关键。为筛选出适合海南种植的优质米、高端米,2019年海南省种子总站首次启动"海南好米"评选,截至2023年年底,5年共有125家(次)单位的188个水稻品种参加评选。通过邀请水稻行业科研及推广领域专家对参评水稻品种进行田间现场评议和室内食味品鉴,累计评选出泰优1002、隆望两优889等24个金奖品种。"海南好米"的评选、示范推广标志着海南水稻品种培优、品质提升、品牌打造和标准化生产提升行动、海南优质水稻良种联合攻关产业化和品牌化进程就此开始。

(2) 种好"一块田",因地制宜、因种而异种植

在评选出的24个"海南好米"金奖品种中,受品种的特性、抗病性等以及各市(县)的气候、地理位置等因素影响,种植时间不一。有的适宜海南早造种植,有的适宜晚造种植,有的适合山区以外的市(县)早造种植,有的适合山区以外的市(县)晚造种植,因地制宜、因种而异是种好"海南好米"的关键。示范推广过程中,海南省种子总站以水稻提质增量为目标,用"好种、好地、好法",采取"公司+农户+订单"三位一体的产业化模式,将公司、合作社和农户有机结合,同

时签订协议，协同推动"海南好米"规模化生产。

（3）培育"一条链"，提升海南水稻产品附加值

"海南好米"的示范推广，成功探索出把海南优质稻资源优势转化为产业经济高质量发展的路径。为培育"海南好米"全产业链，海南省有关部门将生产、加工、销售、营销等各环节要素紧密连接起来，有效促进一二三产业融合，不断丰富"海南好米"的品质内涵，以优质稻为抓手带动农业增效和农民增收，助力乡村振兴。此外，海南省建立了"海南好米"产业标准化生产和质量认证体系，形成"政府引导、科研机构参与、龙头企业带动、农民专业合作社配合"的运行机制，组织建设涵盖"海南好米"品种创新、评选活动、示范推广、稻米加工、商品销售、品牌建设等全产业链的标准化产业体系。

（二）高起点构建海南现代农业产业技术体系

2007年，农业部、财政部[①]共同启动了现代农业产业技术体系建设，选择水稻、玉米、小麦、大豆、油菜、棉花、柑橘、苹果、生猪和奶牛10个产业开展技术体系建设试点，针对每个大宗农产品设立一个国家产业技术研发中心，并在主产区建立若干个国家产业技术综合试验站。到2008年年底，启动建设的50个现代农业产业技术体系共设50个产业技术研发中心，聘用50位首席科学家，涉及34个作物产品、11个畜产品、5个水产品。随后各省（区、市）也相继启动了省级层面的现代农业产业技术体系建设。2022年海南启动试点建设槟榔、海南地方猪、石斑鱼3个现代农业产业技术体系，每个体系每年205万元预算经费，计划以5年为建设周期。2023年海南先后新增冬季瓜菜、地方鸡、水稻、对虾、荔枝、杧果和胡椒共7个现代农业产业技术体系，各产业技术体系深入开展产业调研，重点凝练产业问题，全面推进科技攻关与技术推广，积极开展农民培训，服务地方产业发展。与此同时，各体系高度重视产业经济问题，注重市场分析，定期发布价格信息，撰写政策咨询报告。下一步，海南省农业农村厅将在健全现有现代农业产业技术体系的基础上，不断扩大体系规模，完善岗站设置，聚焦产业发展中存在的难点、卡点和堵点问题开展科技攻关，为产业健康稳定提供技术支撑服务，为领导决策提供参考。

---

① 中华人民共和国财政部，简称财政部。

(三) 高规格建设热带农业科技基层推广体系

1. 全力稳定履职有力的基层农业技术推广队伍

省级政府要认真落实粮食安全党政同责考核和乡村振兴战略实绩考核农业技术人员队伍建设有关内容要求，建立全省农业技术人员管理台账，明确相应管理措施，提高农技推广服务考核权重。建立考核通报制度，赋予省级农业农村部门对市（县）推广机构的参与管理考核责任，加强对各级农业技术推广机构综合评估，强化省级考核结果公开和运用。县级政府要综合考虑本区域种养规模、服务范围和工作任务等因素，统筹优化基层农业技术推广服务工作力量，加强县级和乡级农业技术推广机构建设，合理确定乡镇农业综合服务机构中农业技术人员规模，确保农业技术人员具备相应专业学历和专业技术资格。持续开展"科技特派团"产业帮扶工作，稳定壮大特聘农业技术员队伍，吸纳更多高水平科研院所、高校、企业技术骨干等人员加入常设稳定的聘任队伍，充分发挥科研专家、"土专家""田秀才"和农民技术员的技术优势与带动作用，着力做好区域"土特产"文章。

2. 激发社会化市场化力量服务活力

大力推广"科技小院""专家大院""科技合伙人""科技特派团"等多种科研机构服务热带农业产业发展形式，逐步形成稳定的社会化技术推广服务队伍和工作机制。持续推进"一所对一县"行动计划，对口保障整县农业技术服务。支持新型经营主体、科技服务企业等以政府购买服务、参加农业科技创新与推广项目、与公益性机构合作等方式开展技术推广服务，领办各类专业合作社。引导市场化服务组织履行部分公益性服务职能，承担良种推广、统防统治、代耕代种、减肥减药、救灾减损、种植结构调整等任务。

二、市场联动：享双赢

海南自由贸易港作为面向太平洋和印度洋的对外开放门户，具有连接中国和东南亚两个全球最活跃市场的区位优势。海南热带农产品的市场销售空间在国内，海南粮食安全的依托也是在国内，强化市场联动，是海南粮食安全可持续发展的关键。既要与周边省份全方位、全环节、全要素的深度合作，积极发展与河南、山东等优质小麦主产区合作，巩固与东北三省的优质水稻、玉米产销合作关系，建立紧密稳固的省外粮源基地和供应渠道，还要制定完善产销合作扶持政策，发展订单基

第五章　海南省粮食安全可持续发展的战略思路

地、异地储备等合作模式，建立紧密的粮源基地和稳定的供应渠道。

（一）实施产销对接，保障市场稳定

通过线上线下相结合的方式，多方式多渠道实施产销对接，既拓宽海南热带特色农产品销售市场，也拓宽海南粮食类消费产品的来源渠道，共同维护市场稳定。一是积极组织和开展热带特色农产品销售活动。中国（海南）国际热带农产品冬季交易会自1998年开始，至2023年已经连续举办26届，2023年的交易会吸引5 000余名专业采购商，以及包括世界500强企业在内的2 000余家企业参展，专业采购商数量较2022年增长了近3倍。组织企业参加国内外举办的各类农产品推介会、交易会、博览会，积极与粤港澳大湾区市场对接，建立产销联合机制，拓宽销售市场。二是积极开展"农超（企）对接"。引导农贸市场、大型超市、学校、机关、企业等与产地（基地、合作社）直接对接，建立直供直销关系，输出海南热带特色农产品，输入粮食、牛羊肉、水果、蔬菜等海南市场空缺产品，减少中间环节，促进产销对接和提高经济效益。三是推广订单生产。建立销售商家与生产基地的合作社生产、销售联合机制，共同抵御市场风险，合作社按照销售商家提供的品种、生产计划及供应时间，组织企业、合作社、农户搞好生产，订单供应，畅通销售。四是继续利用电商平台推介销售、预定采购农产品。重点是开展农产品电商直播带货销售，在京东、天猫、拼多多等全国知名电商平台开设海南特产馆推介热带特色农产品，全面提高热带特色农产品知晓率和市场占有率，同时也依托农产品电商采购中国内陆粮食产品在海南销售。五是加强农村销售队伍的培育。重点是引进和培育电子商务人才，利用信息进村入户工程、农村电商服务站点等平台，做好农村电子商务培训和宣传，引导企业、合作社、农户开展线上销售，加快推进"互联网+"农产品出村进城工程。

（二）推动优势农产品出口，促进国内国际双循环

海南粮食安全可持续发展需要统筹国际国内两个市场、两种资源，强力推动优势农产品出口，进口海南缺乏比较优势的粮食、肉类、森林食品等。

1. 搭建农产品出口企业数据库

海南省农业农村厅、商务厅、海口海关、三亚海关联合各市（县）农业农村局、商务局、海关以及农产品出口企业等，搭建农产品出口企业数据库，摸清全省

农产品出口底数,做好农产品出口企业工作台账,定期回访农产品出口企业,及时协调解决企业反映的合理困难诉求。

2. 定期开展农产品出口专项培训

及时了解农产品出口最新政策,定期举办促进农产品出口的专题培训宣讲,组织召开农业外贸保稳提质工作座谈会,对外贸相关文件、RCEP 贸易规则等进行宣讲解读,努力帮助农产品出口企业用足用好各项贸易政策。加强对有关农业贸易政策落地实施效果跟踪,征求农产品出口企业有关意见建议,提出有针对性的应对策略。

3. 出台整套农产品出口促进政策

各级农业农村部门要主动对接海关等有关单位,结合本地资源禀赋,积极探索为农产品出口企业提供贸易促进服务和政策支持,激活体制机制"一竿子到底"。高标准建设农业国际贸易高质量发展基地,强化农产品质量安全监管;对接财税金融保险部门,畅通政府、银行、企业对接渠道;对接物流企业和船运航空公司,降低农产品出口企业出口成本;支持农产品出口企业强化产品研发和销售模式创新,促进预制菜等产品出口。

4. 拓展海南农产品出口销售渠道

引导农产品出口企业拓展销售渠道,举办海南农产品全球分享会等各种活动,支持农业国际贸易高质量发展基地企业报团参展。支持农产品出口企业开展境外商标注册,推动中欧地理标志产品走进欧盟,支持农产品自主品牌开拓国际市场。引导推动农产品出口企业在境外重点市场建设公共海外仓、产品分拨中心,着力扩大海南农产品境外辐射带动范围。

(三)加快实施对外合作战略,拓宽进口来源渠道

海南可供发展热带农业的土地资源相对较少,世界可供发展热带农业的土地资源非常丰富,特别是非洲、拉丁美洲农业用地利用率仅为 25% 左右,刚果(布)、肯尼亚、赞比亚等国家甚至低于 20%。可见,热区既是全球饥饿人口最集中的地区,也是全球粮食增产潜力最大的地区。2022 年,海南省共有 8 家境内投资企业,在境外设立了 11 家农业企业,经营领域主要包括境外农业种植、农产品加工、农产品国际贸易等,境外企业主要分布在东南亚地区(新加坡、柬埔寨、印度尼西亚)和北美地区(美国)。对外农业投资的项目主要集中在农业种植、相关农产品

的加工和销售，涉及香蕉、胡椒、橡胶、椰子、渔业等。在境外农业投资项目中，单纯从事单一作物种植或加工的很少，大都采用生产、加工或混业经营的模式。未来，仍需加快实施对外合作战略，针对海南市场需要的食物资源，拓展进口来源，巩固进口渠道。

（四）加快实施"引进来"战略，搭建多元产业结构

充分尊重热带果蔬、粮食等作物自然规律，结合海南实际情况，以促进海南农业供给侧结构性改革为目的，落实"适应性、市场性、安全性"的基本要求，坚持统筹布局、长短结合、分类推进的原则，加强种质资源引进、隔离与检疫、保存、鉴定与评价、新种质创制和新品种选育、示范与推广等软硬件建设，在涉及基础性、公益性的设施、研究课题和试验示范推广中，争取国家、省、市（县）财政支持。在涉及产业发展中，积极培育市场主体，以园区化或基地化为载体，推动同纬度热带果蔬、粮食作物等的引进落地见效。在引进方面，主要聚焦3个类别：一是在全球同纬度国家已规模化生产和流通的大宗果蔬作物；二是境外部分国家已规模化生产，但我国尚没有商业化栽培或种植面积较小的作物；三是尚未开发利用的野生、半野生热带果蔬种质资源。在利用方面，依托全球动植物种质资源引进中转基地和崖州湾种子实验室等平台，加强种质创制和新品种选育，形成一批有自主知识产权的热带果蔬、粮食作物新品种；建设一批国家级、省级种质资源圃和隔离场所，加强知识产权保护，强化生物安全风险防控。在推广方面，培育一批本省农业企业，引进一批世界、国内百强农业企业，建立良种繁育基地和新品种展示示范基地，打造一批标准化生产园区（基地），创建海南热带优异果蔬、粮食公用品牌，打造成为海南热带特色高效农业新的支柱产业。

三、资金撬动：创模式

农业是基础性产业，具有准公益性，同时，农业与其他产业相比又具有明显的弱势，需要政府加强支持和保护。2022年海南省地方财政农林水事务支出为265.65亿元，占当年度地方财政一般预算支出12.67%，在推动热带特色高效农业高质量发展上发挥了重要作用。财政支农仍需牢固树立科学发展观，切实贯彻统筹城乡经济社会发展的方针，把解决好农业、农村、农民问题始终作为重中之重，不断完善财政支农政策，创新财政支农机制体制。

（一）加大财政投入力度

保障财政支农投入持续增长。在当前收入增速放缓、政策性减收增支因素较多的情况下，坚持把"三农"作为财政保障的重中之重。2023年海南省财政支农投入占比位居全国前列，高于全国平均水平4.03个百分点，在现代水网建设、保障粮食和重要农产品供给、推动热带特色高效农业高质量发展、衔接推进乡村振兴、实施乡村建设行动5个重点领域，全面保障"百千工程"等乡村振兴重点项目上成效显著。

持续深化涉农资金统筹整合。为充分放大财政资金的规模效益和集聚效应，把"零钱"化为"整钱"，在广泛论证的基础上，结合年度预算安排情况，整合相关涉农项目，汇集资金集中力量办大事。

全面加强资金预算绩效管理。严格落实预算绩效管理要求，在拨付下达资金时，同步下达绩效目标任务，依托预算一体化系统、直达资金监控系统，综合运用信息化和大数据技术，开展实时监控、风险预警、流程追溯，确保资金管理使用规范、安全、高效。

（二）创新投资管理方式

改变财政资金传统投入模式，合法合规集中部分财政涉农产业资金，创新整合投入特色优势农业产业项目中。农业投资公司以农业产业项目为载体，通过与农业龙头企业、投贷银行合作，带动撬动更多社会资本、金融资本，争取国家级农业现代化基金等支持农业产业，实现农业产业从规划、设计、融资、建设到运营的一体化管理，构建农银企产业发展共同体。

聚焦优势特色粮油、冬季瓜菜、特色水果、牛、羊、生猪、家禽、渔业、特色林业、林下经济等农业产业，重点支持热带特色高效农业生产、加工和流通服务，以及绿色循环产业、农业科技装备业、现代化智慧农业等农业产业项目，支持收益能力能覆盖贷款偿还的农业基础设施项目。

（三）促进农村金融服务业发展

海南要在科技金融、绿色金融、普惠金融、养老金融、数字金融上下功夫，为农业农村提供多层次、高质量的金融服务，推动海南热带特色高效农业向科技化、绿色化、智慧化、国际化转型升级。

科技金融赋能产业科技进步。要以农业政策为指引,扩大农业科技企业的股权融资渠道,解决农业科技创新企业资本金不足的问题。要建立"政府+银行+保险+证券+创投基金+科技服务中介"的农业科技金融体系,建立"金融+农业科技+农业产业"产科融发展模式,为粮食产业经济注入科技创新资金。

绿色金融助推粮食产业经济结构向低碳生产方向调整,有助于产业适应绿色发展的时代要求,保护好农业生态环境,生产生态农产品,实现农业可持续发展。要提高农业农村新能源利用率,降低农业生产过程的二氧化碳排放量。要通过发放绿色信贷、发行绿色债券和绿色基金支持循环农业,提高农业废弃物的资源化利用,实现农业生态系统低碳循环。

普惠金融坚持资金需求者机会均等和金融机构商业可持续的原则,以可负担的金融成本为有金融需求的经济主体提供金融服务。针对海南省农业中小微企业融资规模小、信用等级低、缺少抵押品的融资特征,银行、保险公司、期货公司须创新普惠金融产品,积极开展"惠农贷""e农贷""农担贷""期货+保险""期货+保险+信贷"等业务,增加对农业中小微企业的资金供给。

养老金融为老年人提供长期稳定的资金保障,帮助老年人度过安详的晚年。要加强金融政策支持引导,吸引企业和社会组织投入农村养老服务中来,建立以居家养老为基础、社区和机构养老为补充的多层次农村养老体系。要增加养老金融产品供给,推进农村数字养老服务基础设施建设,建立基于物联网、大数据、云计算的农村数字养老服务平台,为农村老年人提供便捷的医疗、康养服务。

发展农村数字经济是延伸农业产业链、促进农业产业提质增效的重要途径。要提高数字金融对农村数字经济的支持力度,加强农业农村数字基础设施建设,培养农业数字化人才,推动数字农业产业发展,拓展农村电商平台,提高乡村旅游数字化服务水平和数字农业社会化服务质量。创新"数字金融+龙头企业""数字金融+家庭农场""数字金融+农民专业合作社""数字金融+农业企业+农户"等融资模式,为农村新型经营主体提供丰富的数字金融产品。

四、产业传动:促融合

农业产业传动,就是以农业产业为基础,通过要素、制度和技术创新,让农业产业不单是局限在种养业生产环节,还要前后延伸、左右拓展,与加工流通、休闲旅游和电子商务等有机整合、紧密相连、协同发展的生产经营方式,其特征是在产业边界和交叉处催生出新的业态和模式(如设施农业中有工业,加工体验中有服务业，休闲农业中有旅游业等），重点是构建全产业链全价值链，关键点是融合之后产生的利润比单纯每个产业之和要大，核心是要让农民分享二三产业增值收益。

（一）农业内部融合

发展方向是以农牧结合、农林结合、循环发展为导向，调整优化农业种植养殖结构，加快发展绿色农业；大力发展种养结合循环农业，合理布局规模化养殖场；积极发展林下经济，推进农林复合经营；推广适合精深加工、休闲采摘的作物新品种；加强农业标准体系建设，严格生产全过程管理。

（二）农业与加工业融合

发展方向是支持农民合作社、种养大户、家庭农场发展加工流通，鼓励企业打造全产业链；创新模式和业态，利用信息技术培育现代加工新模式；推进加工园区建设，创建产业集群和融合发展先导区，建设农产品加工特色小镇；加速科技成果转化推广，鼓励建设科技成果转化交易中心，支持科技人员以科技成果入股加工企业；加强财政支持，支持符合条件的加工企业申请有关支农资金和项目；以优势水产品基地为依托，发展水产品精深加工、进出口贸易和渔业来料加工产业；用好用足自由贸易港"零关税"政策，做大做强"两头在外"粮食加工产业。

（三）农业与旅游业融合

发展方向是推动粮食安全与旅游、文化、创意、教育、健康养老等产业融合发展，挖掘利用农业新的附加功能，拓展农业增效增收空间。海南是国际旅游岛，也是全域自由贸易港，热带风光秀丽、气候宜人，依托农村田园景观、特色产业，以满足城乡居民休闲消费需求为导向，遵循以农为本、规划管控、市场主导、资源共享、试点先行、助力扶贫、绿色理念、彰显文化的原则，全省分区域布局一批有特色的农庄、农业生产基地等，推进农村一二三产业融合，探索开发休闲农业和乡村旅游新模式、新业态、新途径，实现村庄美、产业兴、农民富、环境优的目标。

（四）农业与互联网融合

发展方向是推进移动互联网、物联网、大数据等新一代信息技术以及生物技术等高新技术在粮食产业领域的广泛应用，推动农业科技发展和农业体系的创新升级，加快培育农业新业态、新模式。将互联网技术贯穿粮食生产、服务监管、市场销售全过程，用信息技术引领粮食产业发展。围绕特色粮食产业，打造一批集农业生产销售、旅游观光、民俗文化、健康养生为一体的农业互联网小镇。以规模化、标准化基地为重点，推广物联网技术，建设一批农业物联网示范基地，建立完善产品可追溯、质量可控制、环境可监测的支撑保障体系，提高粮食生产精准化和智能化水平，进一步提升粮食生产效率。建设农业大数据管理服务平台，整合农村土地、农产品质量、南繁等信息资源，加快推进信息进村入户试点工程。推进电子商务进农村综合示范县建设，积极引进国内电商龙头企业布局海南农村市场，通过互联网O2O等方式深度整合农村渠道，整体打造海南特色农产品电商品牌，逐步实现农产品"订单式生产"；鼓励企业建设电商平台，实施"网上米袋子"工程，培育壮大电商队伍。

五、绿色拉动：提品质

农业绿色发展是指在农业生产、农村经济和农民生活中，以保护生态环境、促进可持续发展为目标的发展方式。它强调在农业生产过程中尽量减少对环境的负面影响，提高资源利用效率，保护生态系统的稳定性和健康性。

（一）持续打造绿色农产品品牌

依托资源立品牌。围绕农业绿色品牌建设，立足当地优势农业资源，引导农民大力发展"海南好米""山兰稻""临高胭脂香米""文昌冯坡节仔米""儋州东坡红米""琼海大路米"等特色品牌。在全省不同市（县）规划建立"三带三区"，即优质大米产业示范带、优质冬季瓜菜产业示范带、优质热带水果示范带、特色畜禽养殖示范区、林下经济示范区、海上粮食示范区。

严把质量铸品牌。实施农业标准化工程，推广应用节肥、节药、节能等绿色生产技术。依托中国热带农业科学院、海南大学、海南省农业科学院、三亚崖州湾科技城等，建立一批"两品一标"示范基地。实施农产品质量提升工程，健全市（县）、乡、村三级农产品质量安全监管体系和检验检测体系。搭建农产品质量安全溯源平台，将绿色食品、有机产品、地理标志农产品生产主体和新型农业经营主体100%纳入追溯管理。

政策激励强品牌。各级财政每年安排产业化发展专项资金，出台土地使用、土地流转、财政贴息、金融信贷、农业保险等优惠政策，扶持壮大产业龙头。出台

"两品一标"农产品认证奖励政策,对获得绿色食品、有机产品、农产品地理标志认证的经营主体分别给予奖励。

开拓市场推品牌。组织农业经营主体参加农展会、产销对接会、产品发布会,开展绿色品牌农产品展示展销,扩大农业绿色品牌的知名度和影响力。利用大数据、云计算、移动互联网、设立品牌专柜和专店等,开辟绿色品牌农产品市场直营通道。

(二)强力推进生态文明建设

1. 加快热带农业科技创新,建设以农户为重点的生态家园

加快热带农业科技创新,推进生物质发电、生物质能源、农业光伏等的综合开发利用,实施以新能源开发利用为纽带的生态家园建设。一是研究出台生态家园评定标准,鼓励创建生态家园示范村、生态家园示范户。强化以农户为重点的生态家园标准体系建设与宣贯,通过宣传引导、示范带动,倡导绿色生活、环保节约。二是完善畜禽粪污、农村生活污水收、储、运体系建设,在全省范围内形成清、运、存、用、管、疏、堵有机结合的良性运转模式,依托科技创新实现粪污肥料化、能源化、基质化利用,生活污水灌溉用、养殖用、绿化用。三是全面推进农村生活垃圾治理,推行农村生活垃圾减量化、资源化、无害化处理。四是巩固扩大农村"厕所革命"成果,持续开展村庄清洁、美化行动,加快农村环境综合治理模式创新和管理创新。

2. 加快热带农业科技创新,建设以农田为重点的生态田园

一是优化农业产业布局。立足村域资源优势,坚持宜种则种、宜牧则牧、宜渔则渔、宜林则林,逐步建立起农业生产力与资源环境承载力相匹配的农业发展新格局。二是注重农业生态循环建设。着力推进资源利用节约化、种养过程清洁化、药肥施用减量化、废弃物利用资源化,走产出高效、产品安全、环境友好的农业现代化道路。打造"田园小循环、村域中循环、市(县)域大循环"的"三级循环"模式,构建起点串成线、线织成网、网覆盖省的生态循环农业示范体系。三是研制并推广环保高效肥料、农业药物和生物制剂,研制节能低耗智能化农业装备等;研发耕地质量提升与保育技术、农业控水和雨养旱作技术、化肥农药减施增效技术、农业废弃物循环利用技术、农业面源污染治理技术、重金属污染控制和治理技术、畜禽水产品安全绿色生产技术、草畜配套绿色高效生产技术等,在确保耕地数量、

质量、生态"三位一体"保护建设成效的同时,建设成为生态田园、美丽田园,助推乡村振兴和美丽海南建设。

3. 加快热带农业科技创新,建设以产业为重点的生态链条

发挥市场在资源配置中决定性作用,突出需求导向,调整优化产业结构、产品结构,采用绿色生产、绿色加工、绿色仓储、绿色市场等技术改造提升传统产业。将热带农业绿色投入品、绿色生产技术、绿色低碳种养结构和技术模式、绿色产后增值技术等贯穿热带农业产业发展的全过程,同时利用电子商务、展会、订单等开展绿色营销,将启动建设的17个产业全产业链分批打造成为生态产业链。此外,依托生态家园、生态田园、生态产业链,加快发展乡村旅游和示范农业。通过更好的生产来满足更好的营养、更好的环境,实现更好的生活。

六、装备带动:增效率

设施种植是保障"菜篮子""果盘子"产品供应、促进农民增收和繁荣农村经济的有效途径,也是国家粮食安全的重要保障,设施装备和机械化生产是设施种植高质量发展的重要支撑。坚持市场导向、问题导向和目标导向,瞄准设施种植绿色高效发展的机械化需求,补短板、强弱项、促协调,全面提升设施种植机械化水平,支持设施种植高质量发展。

(一)积极发展现代农业装备

坚持以企业为主体、科研院所为基础、市场为导向的创新原则,加快建立"科研院所(大专院校)+企业+合作社+基地"协同创新、联合攻关新机制。创建一批省级农机装备重点实验室等创新平台,建立智能农机创新团队。研究部署现代农业装备科研项目,引导和鼓励企业加大研发投入,协同开展基础前沿、共性关键技术、缺门断档机具研究,加快技术创新和新产品研发。完善农机科技成果评价体系和成果奖励机制,开展科技成果评价和评奖。加强农机试验鉴定新方法探索和研究,对产业急需、农民急用的创新农机产品实施专项鉴定。

(二)培育农机装备龙头企业

落实中小企业扶持政策,加快中小微企业梯度培育,培育一批"小巨人·成长型"企业、专精特新中小农机制造企业。通过重组、改制、兼并及相应的政策引

导,扶持骨干型企业跨阶成长,加快培育一批具有核心技术研发能力和带动引领能力的农业装备龙头企业。推进省内高端装备制造产业向农业装备制造企业梯度转移,促进一二三产业融合发展,建成2~3家农业装备全产业链企业集团。通过首台套等政策引导企业积极开展科技创新,开展农机装备制造企业与农机专业合作社供需对接,协同开展创新研究、试验验证和示范推广。

(三) 推进良机、良种、良田、良技融合示范

以产业需求为引领,组织力量开展分产业、分区域、分作物、分环节"四分"研究和现代农业机械化目标体系研究。以良机为牵引,加快构建农机系统推进机制,大力应用良种、推广良法、建设良田、配套良机。围绕粮食生产重点区域,开展农田宜机化改造,开展主要农作物全程机械化创建行动,推进水稻、玉米、大豆等粮油作物全程机械化。以园区为重点,打造一批产量稳定、技术先进、机制创新的粮油机械化生产示范区。

(四) 增强农机社会化服务能力

以提供农机社会化服务为主的各类专业公司、农民合作社、供销合作社、农村集体经济组织、服务专业户等为主体,推动其各尽其能、共同发展。把专业服务公司和服务型农民合作社作为社会化服务的骨干力量,推进其专业化、规模化,不断增强服务能力,拓展服务半径。坚持需求导向,聚焦粮、菜、果等重要农产品生产,聚焦关键薄弱环节,加大对社会化服务的引导支持力度,为保障粮食安全和重要农产品有效供给提供支撑。鼓励服务主体积极创新服务模式和组织形式,大力发展多层次、多类型的专业化服务。把农业生产托管作为推进农业社会化服务、发展服务带动型规模经营的重要方式,因地制宜发展单环节、多环节、全程生产托管等服务模式,有效满足多样化的服务需求。按照资源共享、填平补齐的要求,把盘活存量设施、装备、技术、人才及各类主体作为重点,探索建设多种类型的农业综合服务中心,围绕农业全产业链,提供集农资供应、技术集成、农机作业、仓储物流、农产品营销等服务于一体的农业生产经营综合解决方案,破解农业生产主体做不了、做不好的共性难题,实现更大范围的服务资源整合、供需有效对接,促进资源集约、节约和高效利用。充分发挥农业社会化服务在集成推广应用绿色优质新品种、先进适用技术和现代物质装备中的重要作用,促进服务与科技深度融合,着力解决农业科技落地的"最后一公里"问题。

(五) 搭建农业农村大数据平台

针对海南省热带农业农村数据底数不清、数据质量不高、标准缺失阻碍应用协同、共享开放不足、开发利用不够等问题，做大做强海南省热带农业农村大数据中心，整合集成热带农业物联网数据平台、国家农业科学数据中心（热带作物）、热带农业大数据平台、热带农业对外合作信息服务平台等平台和系统，围绕主要热带作物全产业链数据建设与挖掘利用、主要热带农产品市场数据建设与挖掘利用、热带农业科学数据建设与挖掘利用、热带农业对外合作数据建设与挖掘利用、热带农业农村科技支撑基础数据建设与挖掘利用等方向，重点开展主要热带作物环境、资源、生产、加工、市场、贸易、农业科技、对外合作等全产业链大数据及农业农村科技基础数据采集、监测分析、开发利用、保护管理工作，形成较完整的海南热带农业农村大数据采集体系、标准体系和数据资源"一张图"，实现数据的共商共建共享，促进数据安全流动，补齐海南农业数字化不足的"短板"，逐步提升数据在海南热带农业农村经济发展以及生产、科研、管理、决策和乡村振兴公共服务领域的应用水平，数据赋能海南自由贸易港建设并促进海南农业产业转型升级及助力乡村振兴。

七、储备触动：强保障

粮食储备是为保证非农业人口的粮食消费需求，调节省内粮食供求平衡、稳定粮食市场价格、应对重大自然灾害或其他突发事件而建立的一项物资储备制度。未来，海南省粮食安全还需要做实储备粮。

(一) 健全粮食应急保障体系

实施粮食应急保障能力提升行动，提升粮食应急加工、运输、配送能力，优化应急供应网点布局，形成布局合理、设施完备、运转高效、保障有力的粮食应急供应保障体系。有效统筹现有应急设施资源，改造建设一批平时服务、急时应急的粮食应急保障中心，形成省、市（县）、乡镇三级逐级保障、层级响应的粮食应急保障机制。推动大型粮油加工企业向儋州、海口、三亚等区域布局。加快军民融合军粮供应工程建设，完善军粮统筹采购机制，全面提升应急应战保障能力。构建新型粮食安全监测预警体系，健全涵盖粮食生产、流通、储备和消费等各个环节的统计制度，建立全省统一的粮食市场数量、质量、价格监测平台和应急指挥调度平台。

组建分析师和基层信息员团队，完善分析会商、数据整合、信息发布工作机制。按照"最小颗粒度"要求，科学研析应急场景，优化粮食应急预案和保供稳市方案，加强应急演练和培训，以工作的确定性应对粮食市场的不确定性。

（二）大力推进节粮减损

开展粮食节约减损健康消费提升行动，建立多部门联动、多主体互动、多环节施策的产后减损治理机制，加强收储、运输、加工等重点环节的损失治理，降低粮食流通全链条损失损耗。推广运用粮食仓储新技术、新工艺、新装备，大力发展低温冷链、集装箱多式联运。探索集约储粮新模式，共建共享粮食"公共仓"。强化标准引导，鼓励适度加工、深度加工、综合利用加工，提高加工出品率，加强稻壳米糠、麦麸胚芽、油料饼粕等副产品及废弃物的综合、全值、梯次利用。依托"世界粮食日"，进行粮食安全宣传教育，大力开展"节约一粒粮行动""光盘行动"等爱粮节粮宣传教育活动，增强全社会爱粮节粮意识。发挥行业协会作用，总结推广节粮减损典型模式案例，逐步转变追求口粮"亮、白、精"的消费习惯，形成科学消费、健康消费、文明消费的良好风尚。

（三）完善粮食市场价格监测体系

一是加强统筹协调，形成长效机制。研究制定《海南省粮食市场价格监测工作方案》，确定目标任务、完成时限，细化责任分工，确保各项工作落实到位。建立分析会商机制，会同相关部门、各市（县）粮食局，聚焦粮食流通、储备、产业发展、保供稳市等方面短板弱项，召开会议集中研讨，提出对策建议。深化同农业农村、统计、行业协会等部门和机构间的合作交流，促进信息共享。二是壮大队伍力量，提高履职能力。组建粮油市场价格预警分析师团队，全面监测、及时研判粮食供求和市场走势。省级分析师负责年度粮油供需形势分析以及重点粮油品种的市场形势研判，组织完成年度供需平衡分析报告以及相关粮油品种的月度、年度市场分析报告；基层信息员及时采集市场基础信息，接受省级分析师信息调度。团队成员通过电话、微信等方式随时共享市场数据信息，强化市场巡查，严格落实市场异常波动情况报告制度。组织集中培训和业务指导，提高团队成员监测预警分析能力。三是健全监测体系，注重分析研判。强化全省粮食市场监测网络体系建设，调整充实信息监测点，完善监测点布局，结合粮食生产、产销布局、品种结构、粮油供应等情况，建立覆盖粮食收储企业、加工企业、批发市场、大型超市的粮食市场监测网络。加大对市场监测统计数据以及分析报告的审核力度，确保信息的准确性和时效性。充分利用粮食产购储加销全链条数据资源，科学分析粮油市场供需状况及市场运行趋势，监测工作的前瞻性、预见性进一步增强。四是强化信息支撑，提升服务效能。打造《海南省粮情监测动态》《海南省粮食供需平衡报告》《海南省粮食产业经济统计分析报告》等一系列重点产品，及时反映粮食市场运行情况，做好信息报送工作，强化信息服务功能。依托门户网站、新媒体平台，发布权威信息，集中展示重点粮油品种价格、批发市场和粮油企业购销以及粮食收购进度等数据，为粮食行业提供准确信息，正确引导粮食流通。

第六章　海南省粮食安全的战略对策

第一节　充分发挥自贸港及 RCEP 国际经贸规则政策效益

用好海南自贸港作为高水平对外开放试验田效应与《区域全面经济伙伴关系协定》（RCEP）高水平开放效应、海南自贸港产业升级效应与 RCEP 产业重组效应、海南自贸港高质量发展效应与 RCEP 的开放效应、海南自贸港面向全球开放效应与 RCEP 区域内开放效应、海南自贸港风险防范与 RCEP 的监管效应等的叠加联动，促进海南自贸港高质量发展。

一、处理好 RCEP 原产地累积规则与加工增值内销免关税政策的关系

2021 年 7 月 8 日，海关总署发布洋浦保税港区加工增值内销免关税政策细则，实施到 2024 年年底。随着 RCEP 协议全面落地，加工增值内销免关税政策含金量将大打折扣。影响主要来源于 RCEP 原产地累积规则，只要 RCEP 成员国的原产材料区域价值成分累积达到 40%，就可以享受优惠关税（农产品方面基本就是零关税）。相较而言，区域价值成分累积达到 40% 比加工增值达到 30% 容易得多。东南亚一些国家或地区在土地、劳动力等方面相比海南省具有明显比较优势，再加上配额管理的不同要求，加工企业选择东南亚某个地区生产区域价值成分累积超过 40% 的产品，就可以避开海南而直接进入中国市场。为此建议：一是抢抓政策实施窗口机遇期，迅速推动现有具有投资意向的农产品加工类企业落地，用足用好加工增值内销免关税政策；二是对海南农产品加工企业生产涉及的配额商品原辅料，积极争取国家降低甚至放开进口配额限制，生产产品在满足监管条件下以海南本地销售和销往 RCEP 成员国为主，增强海南农产品加工业在 RCEP 成员国市场竞争力。

二、处理好 RCEP 货物贸易自由规则与零关税政策的关系

当前,国家赋予海南实施的零关税政策,主要配套企业自用和"两头在外"模式生产类型。RCEP 成员国中,我国与东盟国家在 RCEP 协议签署前就实现了自由贸易,已有几百种农产品实施零关税。RCEP 协议中,印度尼西亚在原有的中国—东盟自贸协定基础上,就加工水产品、橡胶等对我国取消关税;马来西亚就加工水产品、可可等对我国开放市场;我国也就菠萝罐头、菠萝汁、椰子汁、胡椒等对东盟开放市场。从零关税政策适用上看,实施 RCEP 货物贸易自由化规则,对海南农产品加工业不具备足够的吸引力,但从地理位置上看,海南岛正处于 RCEP 各成员国的中心位置,具有绝对的区位优势,有利于农产品的汇聚与辐射。为此建议:一是鼓励海南农产品加工企业向海关备案适用零关税政策;二是鼓励海南农产品加工企业积极引进和使用国内外先进农产品加工技术、保鲜技术等先进技术;三是将 RCEP 成员国主要农产品尽可能列入零关税正面清单;四是综合适用零关税、加工增值免关税、内外贸同船运输船舶加注保税油、企业和个人两个 15% 所得税等自贸港政策,尽快谋划和推动在海南打造面向 RCEP 成员国的国际大宗农产品加工中心、仓储集散中心、冷链物流中心。

三、处理好 RCEP 投资规则与减免税政策的关系

RCEP 协议允许各成员国企业进入彼此市场,这对实施企业所得税 15% 政策的海南来讲,是扩大招商引资的利好消息。同时,对在海南自由贸易港设立的旅游业、现代服务业、高新技术产业企业,其 2025 年前新增境外直接投资所得,免征企业所得税,也有利于农业招商引资和扩大海南对外农业投资。为此建议:一是积极发挥海南南繁优势,鼓励支持种业企业扩大对外贸易投资与合作;二是基于 RCEP 成员国外的其他国家市场主体在进入 RCEP 区域开展投资贸易活动仍将受到关税、要素流动等限制,海南自由贸易港全面对外开放以及零关税、低税率、简税制等优惠政策,建议积极引进 RCEP 成员国外农业企业落户海南,使其本土化,享受 RCEP 规则与自贸港政策双重优惠。

四、构建符合国际经贸规则的农业保护支持体系

针对扩大开放对农业可能造成的冲击,提前研判形势、提出对策、储备政策。一是政策上支持。可考虑将粮食等关税配额管理产品纳入负面清单;统筹考

虑原产地规则和产品目录清单，综合考虑海南农产品加工业利益以及保护我国其他省份产业需要，在严格设定原产地标准前提下，对小麦、玉米、食糖等关税配额产品给予一定灵活性。二是保险上创新。扶持各类保险机构配套开展农业保险服务，利用地理信息系统（GIS）、卫星遥感技术、无人机信息采集技术等信息化手段获取的土地资源、生长过程等全产业链数据，按市场化原则引入第三方机构，开展风险评估和信用评价。扶持各类金融机构根据职能定位，按照农业发展需求和市场化原则，结合第三方评估评价信息，依法合规为农业全产业链建设提供金融支持和保险服务。三是优先在海南建立农业贸易调整援助机制。可借鉴韩国等国做法，对于因受冲击入不敷出而退出生产的农户，政府向其支付相当于前三年纯收入的停业补贴；对于因进口激增导致价格下降的产品，对农户收入损失进行补偿；对具有潜在竞争力的农户和产地，通过资助农民改善生产设施、实行规模化经营、使用优良苗木等方式提高竞争力。四是加强省（区、市）之间共同应对 RCEP 等国际经贸规则对策建议借鉴合作。相互交流经验，相互协同增力，尤其是在国际贸易陆海新通道建设、对 RCEP 有关国家经济走廊建设等方面，以合作获共赢。

第二节 推出海南省粮食产业高质量发展八大行动计划

以更加开放的视野，深入开展国际高水平自由贸易协定规则对接先行先试，营造国际一流的营商环境，编制出台高质量实施自贸港及国际经贸规则下海南粮食产业发展的行动计划，推动制度型开放，提升投资贸易便利化水平，更好地服务和融入新发展格局，让海南成为吸引全球优质要素资源的强大引力场。

一、创建海南省粮食产业对外合作先行区

联合农业、海关、金融、科技、品牌资源等各类主体，集聚信息技术和人才资源要素，加快农业生产国际交流合作与信息技术的深度融合，创建自贸港及国际经贸规则下海南粮食产业对外合作先行区，把握 RCEP 等国际经贸规则成员国农业服务市场扩大准入机遇，组织开展政策咨询、业务交流、学术研讨、人才培训、商务合作等系列活动，提升海南在粮食生产投入品、农业机械、农业技术等方面的集成优势，带动粮食产业服务走出去。

二、创建海南省粮食国际采购交易中心

合理运用 RCEP 等国际经贸规则下易腐、快运货物 6 小时通关便利措施，对标 RCEP 等国际经贸规则成员国农产品准入标准，鼓励支持海南创建自贸港及国际经贸规则下海南农产品国际采购交易中心，做大做强热带水果、冬季瓜菜、水产品、加工食品等优势特色产品的出口。建设自贸港及国际经贸规则下海南农业贸易公共服务平台，提高自贸港及国际经贸规则线上咨询、商事认证、海关通关等服务水平，帮助企业寻找自贸港及国际经贸规则潜在的机遇，着力构建跨境、跨语言、不同法律管辖权的争议协调机制。

三、推动举办海南省粮食产业发展高峰论坛及营销展示

充分发挥海外海南商会、海南省华侨联合会等组织的作用，搭建农业国际交流合作平台，开展自贸港及国际经贸规则下海南涉农政策国际交流研讨，与 RCEP 等国际经贸规则成员建立经贸信息互通机制，对接促进海外合作。组织自贸港及国际经贸规则下成员农业企业在区域内开展国际巡展，畅通国内采购商、投资商、代理商与外方洽谈的通道，开拓进口渠道，满足国内需求，结合中国（海南）国际热带农产品冬季交易会（以下简称冬交会）、中国国际消费品博览会（以下简称消博会）等展会，"走出去"参与优势特色农产品海外营销活动，持续唱响自贸港声音。

四、因地制宜践行大食物观工程

利用原产地规则，构建跨境价值链，挖掘新兴食品饮料产业的潜力，发展预制食品、即食食品、定制食品、特殊膳食用食品等，鼓励农产品加工企业到海外建立种植养殖基地、开设加工厂、开拓海外市场渠道、畅通销售渠道，将"琼"字号农产品推向全球；同时抢占"预制菜"新赛道，开启"菜篮子"新业态，提供定制化、个性化的产品服务，推动农产品食品化，延长农业产业链、提升价值链、优化供应链，推进产业振兴、产业富民。

五、推动海南省粮食产业新型经营主体培育

依托现代农业与食品产业集群、现代农业产业园、"一村一品、一镇一业"等平台打造"点线面"贯通的农业全产业链，对标自贸港及国际经贸规则相关的农业

标准规范，实施省、市（县）、乡镇三级龙头企业的专项培育工程，提高精深加工的高附加值农产品出口比例。培育一批"读得懂协定、理得清规则、说得透农业、联得上企业、出得了主意"的自贸港及国际经贸规则涉农政策专家，开展长期政策研究，围绕 RCEP 等国际经贸规则和重点课题进行工作报道，通过舆论引导打造自贸港及国际经贸规则的国内策源地。

六、落地一批海南省粮食产业模式项目

围绕自贸港及国际经贸规则有可能给海南粮食产业发展带来的影响，提前谋划，按照分类推进产业结构调整、推进热带特色高效农业高质量发展、充分发挥自贸港及 RCEP 国际经贸规则政策效益等类型落地一批自贸港及国际经贸规则下海南粮食产业模式项目，例如，创建自贸港及国际经贸规则下海南粮食贸易大数据开发应用中心，依托大数据带动海南农业产业聚集创新和结构升级，探索建设农产品跨境电商综合试验区，促进农产品跨境电商规范健康持续发展等，实现粮食等农产品贸易量增长、农产品贸易业态提升、农业产业引资提质增能、农产品经贸平台优化、农产品贸易通关便利、农产品服务贸易升级、农业对外投资拓展等目的。

七、强化服务，拓展提升粮食贸易和跨境粮食投资合作

推动农业国际贸易高质量发展基地建设，引导企业通过参加境外行业展会和"海外仓"等平台途径，进一步巩固和扩大粮食、水果、蔬菜、水产等优势特色农产品出口，以及畜禽产品、乳制品、热带水果等调剂性、紧缺性农产品进口。充分发挥现有服务平台功能，服务对接好涉农企业，营造良好营商环境。鼓励和引导企业积极谋划区域内合理布局产业链，提升农产品供应链韧性。以举办 RCEP 经贸合作商机推介会、合作建设 RCEP 国际农业产业园区等措施，积极拓宽跨境农业投资合作渠道，打造优势互补的新供应链产业链，形成更多贸易创造和投资创造。

八、加强粮食产业科技合作，带动粮食投资贸易

巩固粮食产业对外合作基础，拓展合作新空间，有序推进与 RCEP 区域国家建立粮食产业交流合作机制，加强科技联合攻关，充分发挥海南热带特色现代农业比较优势，提升对 RCEP 区域国家的吸引力、辐射力、带动力、影响力。充分发挥联合国粮食及农业组织热带农业研究与培训参考中心、中国热带农业走出去研究中心等平台的交流功能，以热带农业科技支撑全球热带农业可持续发展，形成"一带一

路"热带农业科技合作论坛品牌。对 RCEP 区域国家开展农业科技培训，鼓励和引导以企业为主体开展农业合作园区、农业对外开放试验区等建设。

第三节　推进海南省粮食产业高质量发展

要做强做优做精海南粮食产业，积极引进热带果蔬优质品种，做足"季节差、名特优、绿色生态有机"文章，因地制宜、统筹谋划，以农业供给侧结构性改革为引领，加强粮食全产业链建设，积极推进特色化、适度规模化、品牌化、绿色化，促进一二三产业融合发展。

一、打造海南省农业五大新增长"引擎"

当前，海南农业复种指数高于全国平均水平，土地常年无休、地力下降，加之耕地、林地用途管制越来越严格，依靠规模扩张的粗放型增长方式已难以为继。未来粮食产业要实现高质量发展，必须转换发展方式，培育新的增长点。立足国内外农业发展形势，结合海南实际，建议打造五大新"引擎"。

（一）北部"海澄文定"（海口、澄迈、定安、文昌）都市农业发展高地

对接国际旅游消费中心和全域旅游建设，依托海口省会城市人口聚集、旅游市场发育良好、交通便捷、科技资源丰富、资金力量雄厚等优势，立足北部特色旅游资源、农业产业资源和文化特色，拓展农业多种功能，利用环岛高速公路、旅游公路、海文高速、海榆东线、海榆中线和环岛高速铁路形成的重要交通廊道条件，发掘火山、温泉、冷泉、富硒土壤等自然元素以及红色文化、庙宇文化等文化元素，以"点、线、面"结合与系统集成的方式，以现代农业产业园、共享农庄、田园综合体、特色小镇、产业集群等为载体，以调结构转方式、创品牌、促增收为主线，以资本化、园区化、信息化、国际化为抓手，推进旅游业与粮食产业、美丽乡村建设相结合，打造具有热带滨海特色的都市农业发展高地。构建出"农工贸旅一体化、产业服务一条龙"的现代农业产业体系，为市民游客提供绿色健康的"米袋子""菜篮子""果盘子""肉案子"产品，以及休闲娱乐、旅游观光、科普教育产品。

（二）南部大三亚经济圈打造种业发展高地

以南繁科技城为核心枢纽，高效联动全球动植物种质资源引进中转基地和国家

南繁科研育种基地，重点实施重大科研设施建设、育种基地设施条件提升、现代种业园区建设、产业应用创新平台建设、种业支撑保障体系建设、国际交流合作平台建设、生物安全防控体系建设等重点工程，强化种业基础性、关键共性技术研究，为动植物育种创新利用提供基础理论和前沿技术支撑。聚集一批高水平团队、高科技企业，做大做强种业创新、成果转化、知识产权交易、种子种苗贸易、生物科技、南繁服务、种业会展等业态，形成以现代种业为核心、以热带高效农业为特色、以生物科技为突破、以专业服务为支撑的现代种业产业体系。依托三亚崖州湾科技城以及乐东抱孔洋、陵水安马洋"一主两辅"基地，加快推进国家南繁科研育种基地和南繁产业发展。集聚国际检验检疫机构，布局实验、展示和交易功能，推动离岸科研、隔离服务、模式生物学、种业贸易等产业发展。引进国际知名种业企业和科研机构，着力发展生物育种，支持第三方育种研发外包服务。延伸发展生物食品、生物基材料产业。推动南繁科技城科研、生产、销售、科技交流、成果转化一体化建设。

（三）西部儋州—洋浦打造外向型农产品加工业发展高地

充分利用洋浦经济开发区"西部陆海新通道"航运枢纽的区位优势和"企业所得税15%、个人所得税15%、加工增值免关税、生产自用设备零关税、生产原辅料零关税、对外直接投资利润回海南免征企业所得税"等政策优势，加快建设国际健康食品港，围绕功能性食品、特色健康食品、精品肉类、健康油脂等产业方向及上下游配套产业，重点发展外向型高端食品加工业，形成超百亿元产业集群。用好自贸港特殊政策，筹备创建中国（海南自贸港）国际农产品加工产业园，落户一批开拓海外市场的外向型加工企业，扩大椰子、咖啡、胡椒、可可、水产品等境外加工原料进口，加快发展国际农产品来料加工业和拓展"一带一路"市场的外向型加工业。依托中国洋浦港，积极发展热带果蔬、热带作物、肉质蛋白、植物蛋白等精深加工业以及健康食品、保健品、功能性食品等特色食品加工业，推动椰汁、酒、精制茶等食品制造业高端化发展。引进和培育一批食品加工龙头企业和知名品牌。

（四）东部滨海城市带打造拓展日本和韩国市场的现代渔业发展高地

抢抓RCEP下中国—日本首次达成农产品关税减让安排以及中国—韩国农产品自由化程度提高的机遇，推进渔业转型升级，提升海洋捕捞现代化水平，在沿海市（县）规划建设一批现代渔业产业园，扩大深远海网箱养殖，重点瞄准日本和韩国市场需求，大力发展南美白对虾、海南鲷养殖和水产苗种业，进一步提升水产养殖业水平与效率，稳定养殖规模。构建园区化、产业化、品牌化、数字化的现代农业新型产业融合体系。支持发展观光农业、体验农业、创意农业、智慧农业、休闲渔业、美丽乡村、民宿等新业态。加快推进休闲渔业全产业链融合发展，促进"渔业+旅游"产业升级。升级东部滨海城市码头功能，并投放一批新型休闲渔船（含清洁能源），打造休闲渔业船舶公共码头和具有特色文化的休闲渔业示范基地。围绕东部滨海城市海岸休闲海洋牧场建设，大力发展休闲垂钓、渔事体验、海上观光、水上运动等，建立国际海钓赛事基地，创建一批有影响力的赛事节庆活动，争创现代渔业发展高地。

（五）中部山区打造农业大健康产业发展高地

发展绿色生态产业，加快中部山区特色稻、特色玉米、名优果品、薯类、生态旅游产业等基地建设；加强对药用物种、珍贵木材物种开展药用、栽培、加工等发展与利用研究。增加经济作物和饲料作物的种植，发展特色经济作物。优化养殖结构，培育特色养殖产业，发展特种养殖，推行养种结合的立体农业发展模式；发展中药材、食用菌产业，综合发展南药、山兰稻、茶叶、食用植物及林下养殖业等立体复合经营项目；挖掘五指山黄牛、五指山香猪、乐东香蕉、保亭红毛丹、油茶等优质名牌土特产生产潜力，扩大生产规模。利用中部山区旅游资源优势，整合文化资源与生态资源，大力发展生态旅游，重点推介原始热带雨林观赏、珍稀动植物考察、黎苗风情、温泉疗养、度假休闲、漂流探险、观光农业、回归自然等中部特色的健康产业。

二、以原产地认证倒逼海南省粮食产业"四化"提速

海南省委省政府提出以特色化、规模化、品牌化、绿色化为方向，推进海南农业转型升级。传统方式下推进农业"四化"是相对漫长的过程，实现发展提速，必须注入新的动力。

引导农业企业围绕东盟开展区域粮食产业链价值链合作，推动海南粮食产业转型升级。引导海南企业借助 RCEP 区域贸易投资环境改善的机遇，运用好东盟国家农业资源、人力、市场等优势，海南自贸港政策优势以及海南农业技术优势，结合农产品降税安排和原产地规则要求，以东盟为重点开展跨境农业产业链合作，推动海南农业向产业链高端迈进。

《中华人民共和国海南自由贸易港法》要求，封关运作后，货物由海南自贸港进入我国其他省份原则上按进口规定办理相关手续。客观上造成了通关成本的增加。海南生鲜农产品均是依靠国内市场消费，前文已建议，针对海南原产地农产品设立专门口岸，简化通关程序。但要实现便利通关，前提是开展海南农产品原产地认证，颁发原产地证书，海关根据原产地证书给予相应的海关待遇，以有效防止海南农产品与国外农产品混装。因此，原产地认证将成为未来海南农业的一项重要工作。目前，面向国外产品的原产地认证主要由海关部门和贸促会负责。海南农产品种类多、分散在全省各地，全域开展原产地认证的工作量极大，建议经海关部门授权，由农业农村部门负责认证，发放原产地证书，运销商持原产地证书便捷通关，对未持有原产地证书的，履行相关查验手续。在此基础上，海南省农业农村部门制定原产地认证标准，将特色化、规模化、品牌化、绿色化作为核心指标，以此倒逼海南农业"四化"进程进一步提速。

三、加快培育海南省粮食全产业链

海南农业基础相对薄弱。培育农业产业链既要长远谋划，也要立足实际，坚持先易后难，从相对成熟的产业做起，制定符合实际的目标，采取政府引导、市场主导的措施，坚持聚焦目标、突出重点、明确任务，蹄疾步稳地加以推进。

根据不同的主导产业，对全链条、全流程进行科学分析，找出薄弱环节，遵循产业规律，精准培育发展，实现从抓生产到抓链条、从抓产品到抓产业、从抓环节到抓体系转变，打造创新能力强、产业链条全、绿色底气足、安全可控制、联农带农紧的农业产业链。一是建设标准化原料基地。按照有标贯标、缺标补标、低标提标的要求，推进农业生产基地标准化改造，全面试行食用农产品达标合格证制度，有效运用物联网、大数据等技术，强化全程质量控制。二是发展精细化综合加工。综合运用自贸港加工增值、进口自用生产设备、企业和个人所得税等政策，吸引加工项目落户，统筹初加工、精深加工、综合利用加工，推进农产品及加工副产物梯次、高效、全值利用。三是搭建体系化物流网络。加强农产品商品化处理设施建设，完善冷链物流体系，提升产地集散分销能力。创新发展农商直供、在线销售、中央厨房等业态。四是开展品牌化市场营销。学习浙江"丽水山耕"品牌建设经验，打造"区域公共品牌+企业自主品牌"相结合的海南品牌农业体系。用好冬交会等平台和直播带货等形式，提升品牌溢价能力。五是推进社会化全程服务。推广传味、温氏等企业统一标准、统一服务、统一购销、分户生产模式，为农户提供全程专业社会化服务。六是推广绿色化发展模式。建设国家农业绿色发展先行区，实施化肥、农药减量行动，综合治理农业面源污染，从源头提升产品质量、保障食品安全。七是促进数字化转型升级。建设产业链大数据中心，将产业链各环节、主体串联在一起，开展生产情况、行情资讯、供需平衡等服务，实现信息共享、数据共享、渠道共享。

四、创建农业国际贸易高质量发展基地

建设农业国际贸易高质量发展基地，是落实中央推进农业高质量发展和贸易高质量发展要求的重要举措，是以农产品贸易助推乡村振兴和加快农业农村现代化的重要抓手，是集成创设稳农业外贸政策措施的重要途径，也是海南自贸港建设的一项重要内容。

（一）创建原则

一是充分依托各类基地已有基础，不"另起炉灶"。紧密结合现代农业产业园、农产品质量安全示范县（市、区）、特色农产品优势区、优势特色产业集群、农业对外开放合作试验区和地方自主建设的出口基地等，因地制宜注入国际要素，加强农业贸易政策集成和先行先试，激发基地出口潜力。二是主攻出口软实力建设，不"大兴土木"。充分体现国际贸易特色，强化农产品出口促进公共服务，优化农业外贸发展环境，大力提升基地主体适用国际标准、运用贸易规则、塑造国际品牌、拓展国际市场的能力。三是突出示范带动协同发展，不"单打独斗"。发挥基地"领头羊"作用，通过与国际市场有机衔接，把国际要素、先进理念、优质服务、品牌效应及时传导给更多市场主体，实现整体提升，协同发展，促进现代农业产业体系建设，以国际大循环激发国内大循环新动能，更好地服务国内，完成稳粮保供促增收目标任务。

（二）建设内容

开展农业国际贸易高质量发展基地建设，要顺应农业高质高效发展需要，围绕提升出口农产品品质和国际化、标准化、组织化、品牌化水平，着力补短板、强弱项，重点推进5个方面建设。一是开展国际认证认可。重点面向欧盟、东盟、美国、日本、韩国、中东、俄罗斯等目标市场，对标国别类、产品类、宗教类等认证内容，积极申请国际认证，建立目标市场认可的产品检测和认证体系，提升产品品

质和市场信誉度,进一步挖掘海外中高端市场潜力。积极参与推进食品农产品认证认可的国际互认,参加有关交流合作活动。二是应用国际标准。依托基地,推进国际标准普及应用。所认定基地要率先全面推广应用国际通行标准体系,率先在原料生产、加工包装、仓储流通等环节实现标准化,开展出口全过程质量管控,促进出口农产品提质升级,增强国际市场竞争力。积极参与国家标准及国际标准制定,带动我国农产品标准"走出去"。三是打造国际品牌。立足基地已有品牌基础,强化品牌设计包装、品牌文化挖掘、品牌国际营销,培育一批以出口为导向的农产品区域公用品牌、企业品牌和产品品牌,开展国际商标注册,搭建出口农产品境外展示展销平台。四是提升出口产业链价值链。着力优化出口产品结构,开展技术改造,装备升级和出口模式创新,大力发展适销对路、附加值高的精深加工产品。完善出口配套仓储冷链物流设施,积极拓展"跨境电商+海外仓"等新业态。五是强化出口公共服务。依托基地,通过专项培训、现场交流、展示体验、云端授课等方式,帮助中小规模农产品出口企业熟悉业务流程,提供政策解读、金融机构与企业对接、国际市场形势分析、国内外展览展销等综合服务。调动商业协会资源和渠道,帮助企业开拓海外市场。

五、打造国内国际双循环重要枢纽节点

一是打造农业跨国空间产业链。建设连接东南亚、太平洋岛国、新西兰、澳大利亚等国家面向我国市场销售的农产品集散中心。推动企业建设境外农业合作示范区、标准化基地和境外农产品展示中心和海外仓。建立农业"走出去"总部基地和农产品出口基地,培育跨国热带农业产业集团。二是推进跨境农产品运输、交易、结算等全链条一体化发展。建设热带农产品加工、储藏、冷链物流、交易中心和国际农产品加工物流园,发展热带农产品离岸贸易业务和农产品跨境电商。学习借鉴荷兰等国家做法,鼓励开展种业、花卉及相关设施农业技术装备集成的进出口贸易。三是发展农业会展经济。按照"夏有消博会、冬有冬交会"的设想,进一步提升冬交会国际化水平和国际影响力。争取中国种子大会暨南繁硅谷论坛永久落户三亚。四是积极开展海南农产品国际营销,拓展提升农产品贸易。强化面向 RCEP 区域尤其是以东盟市场为重点的海外营销促销,引导企业通过参加行业展会、借助境外农产品展示中心和"海外仓"等平台途径,做好宣传推介,拓展出口渠道。可通过举办海南—RCEP 农产品贸易对接会、实施特色优势农产品出口提升行动、建好农业国际贸易高质量发展基地等方式,为农业企业搭建合作平台,做好公共服务。

六、建设全球热带农业中心

一是以南繁科技城、国家南繁科研育种基地、全球动植物种质资源引进中转基地、国家热带农业科学中心等重大平台为抓手，建设集科研、生产、销售、科技交流、成果转化为一体的南繁硅谷。加快成立海南种子协会等社团组织，搭建种业企业合作交流平台，采取整合并购重组等形式，促进要素资源集中集聚，打造海南种业"航空母舰"。二是推进琼海农业对外开放合作试验区建设，借助博鳌亚洲论坛品牌影响力，打造全球农业投资论坛或投资洽谈会，加强与共建"一带一路"国家和地区热带农业国际交流合作，推动建设中非现代农业国际交流培训示范中心。三是要发挥海南省农垦投资控股集团等大型农业企业在服务国家战略、保障重要农产品供给、提升农业国际竞争力等方面的龙头作用。积极参与全球热带农业创新治理，抢占世界热带农业科技制高点，提升海南自贸港在世界热区的话语权。四要打造粮食产品国际交易中心。《中共中央 国务院关于支持海南全面深化改革开放的指导意见》提出，支持依法合规在海南设立大宗商品等交易场所。海南具备条件的大宗商品交易品种主要是天然橡胶和咖啡。天然橡胶已有交易中心，应进一步做大做强，提升国际化水平。下一步应重点培育咖啡作为新的交易品种。

咖啡是仅次于原油的全球第二大贸易商品，近年来，全球咖啡出口量稳定在5 000万袋左右。咖啡主要分为两种，一种是阿拉比卡（arabic），其产量占全球咖啡产量63%，主产地为巴西、哥伦比亚及拉丁美洲。另一种是罗布斯塔（robusta），其产量占全球咖啡产量37%，东南亚是全球最大的罗布斯塔豆主产区，全球67%的罗布斯塔豆产自东南亚地区，其中越南罗布斯塔豆产量占全球44%。咖啡豆期货合约主要集中在纽约、伦敦两大交易所交易，其中，纽约与南美洲较近，伦敦与非洲为邻。我国是全球增长最快的咖啡消费市场，2020年中国咖啡市场规模超3 000亿元，年均增长15%以上。中国作为增长最快的消费市场，东南亚作为全球最大的罗布斯塔豆主产区，都因缺乏市场定价权，导致经济利益严重受损。国内现有三大咖啡现货交易中心：上海自贸试验区咖啡交易中心依托国内消费市场发展而成，云南国际咖啡交易中心主要是推动云南咖啡豆出口欧美，重庆咖啡交易中心依托渝新欧铁路打通咖啡出口新通道。与之相比，海南背靠国内市场，临近罗布斯塔豆主产区东南亚，加上自贸港加工增值免关税、进口自用设备免关税、低税率、简税制等政策，发展咖啡交易及加工具有独特的区位优势和政策优势。可率先在海南大宗商品交易中心上线交易咖啡品种，加强与上海、云南、重庆等交易中心合作，逐步打造独立的咖啡现货及期货交易中心，使海南成为我国国际咖啡贸易的主要通道。

七、全力推动农产品精深加工业发展

以热带果蔬精深加工、肉制品精深加工、粮油深加工等为发展重点，突出食品生产、药用开发、功能性产品开发等。依托文昌航天科技与"三农"融合，发展航天食品产业链，推动椰汁、酒、精制茶等食品制造业高端化发展。进一步扩大椰子加工规模，努力开发多样化精深加工产品。推广普及先进加工制造模式，打造一批智能车间和智能工厂，加强绿色节能关键技术设备应用。

鼓励大型农业企业和农产品加工园区推进加工副产物循环利用、全值利用、梯次利用。采取先进的提取、分离与制备技术，推进稻壳米糠、麦麸、油料饼粕、果蔬皮渣、畜禽皮毛骨血、水产品皮骨内脏等副产物综合利用，开发新能源、新材料等，提升增值空间。

大力发展农业文化创意型加工业，设计推出一批旅游产品和"伴手礼"，发展以加工为特色的工业旅游。建设一批家庭工场、手工作坊、乡村车间，开发海南专属特色产品传承特色技艺，弘扬特色文化，发展黎锦、椰雕、黎陶、苗绣等特色手工业产品。

八、加快推进封关运作涉农三大标志性准备工作

加快全岛封关运作软硬件准备工作，是当前自贸港建设的重中之重。海南省委省政府提出了"2023年年底前具备封关硬件条件、2024年年底前完成封关各项准备"目标，要求项目化清单化推进各项任务。农业板块，重点要抓好三大标志性工作。

一是推进海南原产地农产品通关口岸建设。围绕封关运作后，海南农产品通关可能面临的手续增加、时间延长等风险，提前谋划应对措施，可在琼州海峡南岸的"二线口岸"中建立持原产地证书鲜活农产品快速通关口岸，完善口岸查验设施设备建设，建立健全特定标准和流程，设置专人、专岗、专窗，免除出口申报等审批流程和检验检疫等不必要环节。生鲜水产品、海产品、畜禽产品可参照生鲜水果操作，大宗水产品、海产品、畜禽产品可参照冬季瓜菜操作。二是推进生物安全风险防控体系建设。建立农业生物安全监测预警和大数据分析综合平台，建设全球动植物种质资源引进中转基地，省级动物疫病防控指挥中心，省际动物防疫指定通道、隔离场、无害化处理中心等硬件设施，健全基层动植物疫病防控体系，制定外来动

物疫病、农作物病虫害、外来物种入侵、农业生物安全等突发事件应急预案,完善多部门联防联控机制,有效预防和抑制新的有害生物入侵,确保省内农业生物疫病疫情不输出,进口农业生物安全管理规范有序。三是推进涉渔"三无"船舶清理整治。无船名船号、无船舶证书、无船籍港的"三无"船舶,给自贸港建设带来严重的走私风险、生态风险和航道安全风险。建议学习山东等省的经验,加大对涉渔"三无"船舶清理整治力度,指定位置、集中停靠,摸清底数、建立档案,区分经营船、生计船以及大中型船、小船等情况,制定分类处置政策,重点解决退捕渔民转产转业问题。加大对修造船厂(点、作坊)违法违规生产"三无"船舶的处罚力度,消化存量、严禁增量。

九、做好农业保护政策的研究和储备

尽早尽快启动影响的研判研究课题,弄清弄明影响产业、影响程度以及由此可能带来的连锁反应,并分门别类建立健全相应的应对政策和机制。研究RCEP各国关切、与海南经贸合作具有互补性的问题。一是建议将粮食等关税配额管理产品纳入负面清单。二是统筹考虑原产地规则和产品目录清单,综合考虑海南农产品加工业利益以及保护我国其他省份产业需要,在严格设定原产地标准前提下,对小麦、玉米、食糖等关税配额产品给予一定灵活性。

开展自贸港及RCEP等国际经贸规则系列培训活动,及时发布相关政策和市场信息,指导企业运用关税减让、市场开放等互惠措施,加强企业运用自贸港及RCEP等国际经贸规则能力建设,提高协定优惠利用率。加快对中小企业在人才管理、战略管理、电子商务等领域开展针对性的培训,支持企业用好自贸港及RCEP等国际经贸规则,加快推进中小企业更好更快地融入区域价值链和供应链。设立自贸港及RCEP等国际经贸规则企业服务咨询站,组建专家库,开通线上线下咨询功能,为企业提供自贸港及RCEP等国际经贸规则协定相关贸易合规、通关便利措施等方面的咨询服务。

参考文献

蔡峰辉,2014. 耕地保护对策研究——以海南省为例 [D]. 天津:天津大学.

曹现彬,孔菲菲,张社坤,等,2019. 创新推动农作物专业化统防统治与绿色防控融合发展 [C]. 河南省农作物病虫害绿色防控学术研讨会.

陈华清,2019. 海南自贸试验区(港)建设问题与对策研 [D]. 大连:大连海事大学.

陈莉莉,朱小露,2019. 高质量发展视角下海南自由贸易区海洋垃圾治理研究 [C]. 2019中国海洋经济论坛.

陈水雄,2010. 国际旅游岛背景下海南热带休闲农业发展的问题与对策 [C]. 2010年两岸休闲农业(海南)论坛.

陈思铎,2021. RCEP背景下中小外贸公司经营模式研究——以H公司为例 [D]. 汕头:汕头大学.

陈晓庆,2018. 基于不确定变量的数据包络分析建模及其应用 [D]. 南京:南京信息工程大学.

崔建勋,张辉玲,白雪娜,等,2016. 基于SWOT分析的广东现代农业发展路径研究 [J]. 南方农村 (4):4-10,16.

邓悦,2022. 农业绿色技术进步对碳排放影响研究 [D]. 杨凌:西北农林科技大学.

丁声俊,2023. 大食物观提出的客观依据、深远意义及落实举措 [J]. 中州学刊 (5):58-66.

丁兴安,2023. 世界各国的粮食安全政策对中国的启示 [J]. 新疆农垦科技 (1):1-3.

丁昱栋,2023. 我国农业保险对粮食安全的影响研究 [D]. 石家庄:河北经贸大学.

符安,顾丽红,陈益勇,等,2022. 文昌鸡概况及全产业链分析 [J]. 中国畜禽种业 (12):30-33.

高涵，2019. 重庆依托自贸试验区建设自由贸易港的政策供给研究［D］. 重庆：重庆大学.

高强，万兴彬，彭超，2021. 日本粮食储备制度发展历程、政策框架及启示［J］. 世界农业（3）：4-13，58，140.

关晴晴，2020. 目的论视角下政府文件汉英翻译研究报告——以《六个新设自由贸易试验区总体方案》为例［D］. 北京：北京交通大学.

郭泓言，2023. 吉林省"千万头肉牛"建设工程政策执行的问题及对策研究［D］. 长春：吉林大学.

郝喆，2015. 海南省百岁老人体内化学元素的含量特征及影响因素研究［D］. 北京：中国科学院大学.

何琼妹，2022. 扎实推进南繁硅谷建设夯实种业振兴行动基石［J］. 农村工作通讯（16）：32-34.

何琼妹，等，2022. 自贸港及RCEP等经贸规则下海南农业竞争策略研究［M］. 北京：中国农业出版社.

侯超，2012. 中国花生国际竞争力研究——基于生产、贸易分析［D］. 北京：中央财经大学.

侯媛媛，金丹，金琰，等，2023. 海南农业产业集聚水平和区域比较分析［J］. 农业展望（6）：45-52.

胡燕，2023. 四川省耕地利用生态效率时空演变及影响因素研究［D］. 成都：四川师范大学.

江铭诺，向昆仑，黄奕融，等，2022. 1978—2020年我国有效灌溉面积时空变化特征［J］. 中国农业大学学报（7）：167-174.

姜春宇，2023. 中国制造业参与国内国际"双循环"的产业升级效应研究［D］. 济南：山东财经大学.

姜秀莉，2010. 无规定动物疫病区建设研究［D］. 天津：天津大学.

蒋和平，王晓君，王国刚，2023. 保障种粮农民收入：新思路和新举措［J］. 中国农民合作社（3）：25-28.

静欣，2016. 我国农村土地承包经营权流转管理研究［D］. 大连：大连海事大学.

阚丽艳，2008. 海南省外来入侵植物假臭草的入侵机理及其风险性评价［D］. 海口：海南大学.

赖晓璐, 2020. 辽宁省水稻产业科技进步贡献率测算与分析 [J]. 农业经济 (7): 6-8.

黎玉明, 2016. 博罗县现代农业发展现状及对策分析 [D]. 广州: 华南农业大学.

李锋, 2019. 中国特色自由贸易港的政策和制度体系研究 [J]. 中国国情国力 (2): 52-55.

李然, 2021. 把海南自由贸易港建设成为高水平对外开放的新标杆——专访中国国际经济交流中心研究员 [J]. 领导文萃 (4): 7-22.

梁士轩, 2021. 黑龙江省创汇农业发展的公共政策研究 [D]. 哈尔滨: 哈尔滨商业大学.

梁志卿, 2008. 浙江省耕地占补平衡新机制研究 [D]. 杭州: 浙江大学.

林一菻, 2022. 农产品质量安全监管问题研究——以惠州市为例 [D]. 武汉: 华中师范大学.

刘春光, 程子硕, 符海秋, 等, 2023. 海南好米区域公用品牌创建与发展策略 [J]. 热带农业科学 (6): 104-107.

刘赐贵, 2020. 扛起使命狠抓落实高质量高标准建设海南自由贸易港 [J]. 党建 (7): 7-9.

刘东, 刘锐金, 2022. 基于SWOT-PEST分析的中国热带作物产业发展策略研究 [J]. 中国农学通报 (32): 139-147.

刘歌, 2023. 粮食安全背景下吉林省粮食生产利益补偿问题研究 [D]. 长春: 吉林大学.

刘贤词, 邢巧, 王晓辉, 2009. 海南省农村农业面源污染现状及防治对策 [J]. 中国水土保持 (3): 19-20, 40.

刘洋, 翟姝影, 曹晶, 2018. 涉渔"三无"船舶危害及依法治理对策 [J]. 沈阳农业大学学报 (社会科学版) (3): 292-297.

刘玉娟, 2019. 习近平新时代"三农"思想研究 [D]. 重庆: 重庆理工大学.

刘悦, 刘合光, 孙东升, 2021. 世界主要粮食储备体系的比较研究 [J]. 经济社会体制比较 (2): 47-53.

卢欢, 2008. 新时期粮食公共安全研究 [D]. 郑州: 郑州大学.

卢宪英, 崔卫杰, 2022. 中国自贸试验区推动农业开放发展的探索、成效与建议 [J]. 国际贸易 (9): 3-9.

吕净，2013. 食品安全监管法律问题研究［D］. 太原：山西财经大学.

吕晓虎，赵景波，2010. 陕西省粮食安全定量评价研究［J］. 干旱地区农业研究（2）：219-225.

马边防，2015. 黑龙江省现代化大农业低碳化发展研究［D］. 哈尔滨：东北农业大学.

毛长青，2022. 新时代粮食安全观的理论内涵与实践路径［D］. 长春：吉林大学.

梅思，陈欣欣，2023. 大食物观的科学内涵和实践途径［J］. 学习月刊（5）：34-35.

孟涛，2010. 非常状态下的法律——危机与中国法律的转型［D］. 北京：中国人民大学.

孟为，钟凯，2022. 自由贸易试验区建设与企业财务杠杆治理——基于区域制度创新的研究视角［J］. 山西财经大学学报（12）：107-121.

牛敏杰，2016. 基于生态文明视角的我国农业空间格局评价与优化研究［D］. 北京：中国农业科学院.

彭柳林，付江凡，余艳锋，等，2016. 应对我国粮食产业发展困境，能否取消最低收购价政策？——以水稻为例［C］. 华东地区农学会2016年学术年会.

秦建军，戴起伟，汪翔，等，2020. 海南甘薯产业发展特征与前景［J］. 农业展望（10）：77-81，104.

渠源，2016. 上海合作组织在丝绸之路经济带中的作用［D］. 郑州：郑州大学.

荣志杰，姜启军，牛亮，等，2023. 大食物观下中国省级粮食安全评价研究［J］. 价格理论与实践（7）：35-41，110.

商宇宁，2019. 海南拟建自由贸易港航运服务竞争力评价研究［D］. 厦门：集美大学.

宋留栓，朱福良，2005. SCM在农产品物流开展中的应用［J］. 工业工程（5）：29-33.

苏樱钗，徐小莲，2012. 海南辣椒主要病虫害及其防治技术［J］. 长江蔬菜（18）：85-88.

孙静，冯伟，孙洁，等，2013. 海南、广西农产品产地批发市场的发展对策研究［C］. 第二届全国农产品产地初加工学术研讨会.

孙生阳，2022. 健全种粮农民收益保障机制［N］. 学习时报，2022-11-09（A2）.

孙哲远,2020.云南省粮食安全评价研究[D].昆明:云南师范大学.

孙忠,2014.基于WEB技术的粮食购销信息管理系统设计与实现[D].长沙:湖南大学.

唐石,张继承,李林凤,2016.复合系统视角下的我国粮食安全问题识别及评价[J].统计与决策(7):42-46.

佟家栋,2023.十八大以来我国扩大高水平对外开放的历史进程和经验启示[J].国家治理(9):9-14.

王芳,2022.技术进步、资源再配置与粮食安全问题研究[D].成都:西南财经大学.

王海平,陈志峰,许标文,等,2015.福建省粮食安全及其评价研究[J].福建农业学报(12):1207-1213.

王惠艰,徐靖,严小微,等,2017.自然灾害对海南水稻生产影响及应对措施[J].农业科技通讯(3):161-162,263.

王景章,2015.绿都集团发展战略研究[D].哈尔滨:哈尔滨理工大学.

王利,古洁,2019.自贸试验区建设背景下海南热带特色高效农业保险发展对策[J].农村经济与科技(24):211-212.

王松林,2022.海南科技赋能农业 端稳中国饭碗[N].农民日报,2022-08-30(02).

王玮艳,2023.习近平城乡融合发展重要论述研究[D].济南:山东大学.

王文清,王晖,2023.自由贸易港税收制度建设的国际经验借鉴[J].国际税收(23):76-81.

王延,王汝富,向金城,等,2020.甘肃省草业标准化建设的思考[J].中国标准化(7):173-177.

王艺,刘民培,2015.海南粮食自给率影响因素研究[J].广东农业科学(21):178-184.

王仲春,2022.海南自贸港国际行业汉语人才培养模式探究——以三亚航空旅游职业学院等三类国际汉语人才培养模式的研究为例[D].海口:海南师范大学.

吴乐,2011.中国粮食需求中长期趋势研究[D].武汉:华中农业大学.

徐北春,2020.农户清洁生产技术采纳扩散及行为控制策略研究[D].长春:吉林大学.

徐霖，2010. 我国土地利用法律制度研究［D］. 北京：中国人民大学.

徐绍元，2022. 习近平关于中国对外贸易论述研究［D］. 大连：大连海事大学.

徐文海，侯同波，2022. 后疫情时代城市旅文产业高质量发展研究——以海口市为例［J］. 新东方（3）：36-41.

杨宏斌，2001. 加入WTO对中印粮食安全的影响［J］. 南亚研究季刊（S1）：53-56，6.

杨丽，景怡宁，2023. 习近平总书记关于粮食安全重要论述的现实背景、主要内容与基本特征［J］. 中共成都市委党校学报（3）：25-35，109.

杨茜，2022. 海南自贸港的设立对海南经济影响的实证研究［D］. 上海：上海财经大学.

杨帅，2022. 贵州省粮食市场监测预警体系建设问题及对策研究［J］. 粮食问题研究（2）：51-54.

杨帅文地，2022. 着力构建新型粮食市场监测预警体系［N］. 粮油市场报，2022-10-11（07）.

杨思涛，2007. 走向生态现代化——海南现代化路径选择历史过程研究［D］. 上海：复旦大学.

杨扬，2021. 论征收补偿留用地制度的完善［D］. 苏州：苏州大学.

杨屹，2019. 中国银行唐山分行发展战略研究［D］. 天津：河北工业大学.

杨英姿，刘利利，2019. 社会主义生态文明语境下生态农业的伦理蕴涵［J］. 伦理学研究（1）：87-91.

姚毓春，夏宇，2021. 日本、韩国粮食安全现状、政策及其启示［J］. 东北亚论坛（5）：83-98，128.

姚治国，2013. 低碳旅游生态效率研究［D］. 天津：天津大学.

尹建军，2021. 海南修订耕地开垦费收缴使用管理办法［N］. 中国自然资源报，2021-04-01（02）.

游雯，张雪，黄贵修，等，2018. 一带一路热带国家农业人力资源开发合作的实践与展望［J］. 热带农业工程（5）：41-43.

余永强，2023. 肠道微生物协同黑水虻幼虫降解蛋白质机制研究［D］. 武汉：华中农业大学.

虞洪，2016. 种粮主体行为变化对粮食安全的影响及对策研究——以四川为例［D］. 成都：西南财经大学.

袁世一，李干琼，2022. 双碳目标下我国粮食安全评价指标体系研究［J］. 农业科技管理（6）：1-7.

翟虎渠，2004. 粮食安全的三层内涵［J］. 瞭望新闻周刊（13）：60.

翟婷，2021. 基于改进突变级数法的河南省粮食安全评价研究［D］. 郑州：河南财经政法大学.

翟印礼，周博，2015. 农业可持续发展视角下的我国粮食安全形势判断［J］. 农业经济（6）：3-5.

张建明，2023. 基于模糊 PID 算法的设施桃树智能补光系统［D］. 新乡：河南科技学院.

张建胜，2016. 政策视阈下科技报办报方向观察［C］. 2016年中国科技传播论坛暨中国科技新闻学会第十三次学术年.

张少杰，杨学利，2010. 基于可持续发展的中国粮食安全评价体系构建［J］. 理论与改革（2）：82-84.

张帅，2013. 基于宽容性理念的高速公路优化设计研究［D］. 天津：河北工业大学.

张帅，2020. 中国对中东国家农业外交的理论与案例研究［D］. 上海：上海外国语大学.

张小允，鲍洁，许世卫，2023. 基于熵权 TOPSIS 模型的中国粮食安全评价研究［J］. 中国农业资源与区划（4）：35-44.

张艳敏，2022. 南繁活动中育种材料的权属关系及产权保护［J］. 分子植物育种（24）：8216-8220.

张燕林，2010. 中国未来粮食安全研究——基于虚拟耕地进口视角［D］. 成都：西南财经大学.

张艺烁，2023. 藏粮于地夯实"耕"基［J］. 中国财政（10）：59-61.

周博，翟印礼，钱巍，等，2015. 农业可持续发展视角下的我国粮食安全影响因素分析——基于结构方程模型的实证分析［J］. 农村经济（11）：15-19.

周冏，温倩倩，康晶，等. 2022. 农业面源污染对我国农村地表水的影响与对策研究［J］. 环境监控与预警（6）：1-7.

周猛，1987. 粮食安全的理论和实践及对我国的启示［J］. 技术经济（5）：1-6.

周天勇，田博，2021. 新形势下我国人口与粮食安全战略思考［J］. 中国经济评论（7）：36-40.

朱思柱，孙洪武，2022.南京粮食安全形势分析及对策研究［J］.江苏农村经济（10）：52-53.

朱文东，2019.海南自由贸易港建设存在的问题及对策［C］.2019中国海洋经济论坛.

朱泽，1997.中国粮食安全状况的实证研究［J］.调研世界（3）：22-27.

邹微波，2016.湖南三香农林公司产业融合发展研究［D］.长沙：中南林业科技大学.